AF644883

GESUNDE SÜNDEN MIT Hafer

Über 80 einfache Naschrezepte

INHALT

Einführung

SUPERFOOD HAFER

Hallo, schön, dass du da bist! Mein Name ist Julia und ich möchte dich mit diesem Rezeptbuch für Haferflocken begeistern.

Hafer ist ein echtes Superfood, das nicht nur gesund, sondern auch sehr vielfältig ist. Aus Haferflocken kann man weit mehr zubereiten als nur Müsli oder Porridge. Aus ihnen kannst du Kuchen, Brot oder sogar Smoothies zaubern! So können sie einfach, abwechslungsreich und schmackhaft in die täglichen Mahlzeiten eingebaut werden und damit einen großen Beitrag zu einer ausgewogenen Ernährung leisten. Lasst uns aber zuerst einmal schauen, warum Hafer so gut für deinen Körper ist.

Was kann Hafer?

Die positiven Eigenschaften von Hafer sind schon seit Jahrtausenden bekannt. Schon in der traditionellen chinesischen Medizin wurde er als Heilpflanze verwendet.

Besonders macht ihn seine Widerstandsfähigkeit, die ihn auf kargen Böden gedeihen und dennoch reich an Nährstoffen sein lässt. Der Vitalstoffgehalt von Hafer übertrifft den anderer Getreidearten bei weitem.

Hafer besteht zu fast 15 Prozent aus pflanzlichem Eiweiß, welches uns viel Energie liefert und essentiell für den Muskelaufbau ist. Durch das enthaltene Magnesium können Muskelkrämpfe vor-

gebeugt werden. Deshalb ist Hafer bei Sportlern äußerst beliebt.

Aber auch nicht so sportliche Menschen profitieren von seinen inneren Werten. Zum Beispiel durch den in ihm enthaltenen Ballaststoff Beta-Glucan, der den Blutzuckerspiegel und das LDL-Cholesterin (das ist das schlechte Cholesterin) senken kann. Daher ist Hafer ein effektiver Ernährungsbaustein in der Prävention von Herz-Kreislauf-Erkrankungen. Außerdem dämmt Beta-Glucan Entzündungsherde im Körper ein, sodass die zarten Flocken auch eine entzündungshemmende Wirkung aufweisen.

Die Ballaststoffe in Haferflocken regen zudem unsere Verdauung an, wodurch der Stoffwechsel angekurbelt wird.

Die Flocken quellen im Verdauungstrakt auf und vergrößern das Stuhlvolumen. Aus diesem Grund ist Hafer ein beliebtes Hausmittel bei Darmbeschwerden.

Seine löslichen Ballaststoffe wirken sich zusätzlich prebiotisch auf das Wachstum von nützlichen Bakterien im Darm aus und versorgen sie mit Energie, was unser Immunsystem stärkt. Auch die in ihm enthaltenen Spurenelemente Zink, Kupfer, Mangan und Phosphor halten unsere körpereigene Abwehr in Schuss und sind wichtig für das Nervensystem und den Aufbau von Bindegewebe. Außerdem ist er ein zuverlässiger Lieferant von Eisen und Radikalfängern – sogenannten Antioxidantien.

Das ist aber lange nicht alles, was Hafer zu bieten hat: Er ist reich an Proteinen und gesunden Kohlenhydraten und hält uns dadurch lange satt. In 50 Gramm Haferflocken stecken etwa 7,5 Gramm Eiweiß. Der Verzehr von Hafer kann Heißhungerattacken vermeiden und dadurch beim Abnehmen helfen.

Zu guter Letzt ist Hafer ein wahres Schönheitselixier: Das Getreide enthält reichlich Biotin (Vitamin B7), welches für schöne Haut, Haare und Nägel unentbehrlich ist. Hafer ist übrigens von Natur aus glutenfrei. Handelsübliche Haferprodukte sind allerdings oft mit verschiedenen glutenhaltigen Getreidesorten verunreinigt und daher nur für die glutenfreie Ernährung geeignet, wenn sie explizit als »glutenfrei« gekennzeichnet sind.

Was alles im Hafer steckt (kleine Zusammenfassung):

- ✔ BIOTIN
  Sorgt für schönes Haar, gesunde Haut und feste Nägel
- ✔ ZINK
  Stärkt unser Immunsystem
- ✔ VITAMIN B_1 GEMEINSAM MIT VITAMIN B_6
  Sind gut für das Nervensystem sowie für die Blutgesundheit
- ✔ EISEN
  Ist wichtig für die Zellerneuerung und Blutbildung
  Das Eisen kann am besten aufgenommen werden, wenn du die Flocken mit Lebensmitteln aufnimmst, die reich an Vitamin C und Beta-Carotin sind, zum Beispiel Orangen
- ✔ MAGNESIUM
  Brauchen unsere Muskeln
  Übrigens: Ein Haferbrei deckt bereits den halben Tagesbedarf an Magnesium
- ✔ GESUNDE (LANGKETTIGE) KOHLENHYDRATE
  Liefern Energie und halten uns lange satt
- ✔ EIWEISS
  Das Eiweiß in Haferflocken kann am besten aufgenommen werden, wenn es mit anderen Eiweißquellen kombiniert wird, zum Beispiel Joghurt
- ✔ UNGESÄTTIGTE FETTSÄUREN
  Helfen, Vitamine aufzunehmen und können den Cholesterinspiegel senken
- ✔ BALLASTSTOFFE
  Sind gut für den Darm und senken Blutfett- und Cholesterinwerte
- ✔ BETA-GLUCAN
  Hat eine entzündungshemmende Wirkung und kann Blutzucker- und LDL-Cholesterin senken
- ✔ MELATONIN
  Hilft uns, schnell und gut einzuschlafen

und vieles mehr.

Ist Hafer gleich Hafer?

Hafer kommt in vielen Formen: als Flocken, Mehl oder sogar Drink. Hier möchte ich euch die bekanntesten Haferprodukte kurz vorstellen.

Haferkerne, Nackthafer oder Haferkörner

Gekocht geeignet als Alternative zu Reis oder Couscous, zum Beispiel als Beilage oder im Salat. Der nussige Geschmack kann noch verstärkt werden, indem man die Körner anröstet.
Übrigens: Die sogenannte Spelze, die äußere Hülle des Haferkorns, ist für uns Menschen nicht essbar. Erst nach dem Abschälen in der Schälmühle ist der Haferkern für eine Verarbeitung bereit.

Hafergrütze

Besteht aus geschroteten Haferkernen. Kann als Ersatz für Rundkornreis verwendet werden, zum Beispiel für Milchreis oder Risotto.

Haferflocken

Großblatt-, Kleinblatt- und kernige Haferflocken entstehen aus ganzen Haferkernen. Sie werden angefeuchtet von einer Flockierwalze ausgewalzt. Für so genannte »zarte Flocken« werden die Körner zerkleinert, bevor sie zu Flocken gequetscht werden. Die Flocken sind vielfältig einsetzbar und eignen sich zum Beispiel für die Zubereitung von Müsli, Porridge, Suppen, Laibchen, Keksen oder Broten. Sie finden in den meisten Rezepten dieses Buches Verwendung.

Haferkleie

Eignet sich besonders für eine cremige Zubereitung von Porridge oder als Zugabe in Smoothies, Eintöpfen oder Suppen. Größtenteils besteht Haferkleie aus den Randschichten und dem Keim des Haferkerns, deshalb ist sie noch ballaststoff- und nährstoffreicher.

Hafermehl

Fein gemahlene Haferflocken oder Hafergrütze. Ist geeignet als Mehlersatz in der Herstellung von sämtlichen Backwaren: Broten, Kuchen, Keksen, Mehlspeisen usw.

Hafermark

Entsteht aus Haferkernen, die erst entspelzt und geschält und dann zerkleinert und gequetscht werden. Eignet sich ideal für cremige Müslis oder als Beigabe zu Joghurts.

Haferdrink

Ist eine tolle Alternative zu Kuhmilch. Für die Herstellung wird der volle Haferkern gemahlen, dabei werden Wasser und Ferment hinzugefügt.
Ein einfaches Rezept zum Selbermachen findet ihr in diesem Buch (Seite 51).

DIE HAFERKUR

Vielleicht hast du bereits von der stoffwechselfördernden Wirkung einer Haferkur gehört oder gelesen. Hafertage können den Fettstoffwechsel regulieren, die Körperzellen wieder empfänglicher für Insulin machen und so den Blutzuckerspiegel senken. Insbesondere bei Übergewicht, Bluthochdruck, Typ-2-Diabetes und Fettstoffwechselstörungen kann die Kur helfen.

Zudem sättigt Haferbrei, ohne allzu viele Kalorien zu enthalten. Damit kann eine gelegentliche Haferkur auch beim gesunden Abnehmen helfen. Die positive Wirkung der Kur hält für mehrere Wochen an.

Es gilt allerdings einiges zu beachten: Grundsätzlich solltest du vor der Kur mit einem Arzt oder Ökotrophologen sprechen, wenn du akute oder chronische Erkrankungen hast, insbesondere bei Diabetes. Es sei zudem der Ratgeber *Die Haferkur für einen gesunden Stoffwechsel* von Dr. Winfried Keuthage (Stuttgart 2022) empfohlen. Wer seinem Körper lediglich etwas Gutes tun möchte, der findet hier eine kurze Anleitung zur Durchführung.

Die Kur sollte zwischen ein und drei Tagen Anwendung finden. An den Therapietagen dürfen die Haferflocken nur mit Wasser oder fettfreier Bouillon (heiß oder kalt) zubereitet werden. Durch die Beigabe von Gemüse oder Beeren kann ein wenig Abwechslung auf den Teller gebracht werden. Zum Verfeinern kann man auch Gewürze und Kräuter verwenden.

Es ist sehr wichtig, während der Hafertage die angegebene Menge der Haferflocken einzuhalten und genügend kalorienfreie Flüssigkeit wie Wasser oder Tee zu sich zu nehmen (mindestens zwei Liter täglich).

Tag 1 bis Tag 3:

FRÜHSTÜCK 75 g Haferflocken

MITTAGESSEN 75 g Haferflocken

ABENDESSEN 75 g Haferflocken

Zusätzlich pro Tag:

50 g Erdbeeren, Himbeeren oder Blaubeeren
100 g Gemüse (z. B. Lauch, Brokkoli, Champignons, Zwiebeln, Knoblauch)
Kräuter und Gewürze nach Bedarf (zum Beispiel Petersilie, Thymian, Minze, Zimt, abgeriebene Zitronenschale oder Zitronensaft)

Verwende Salz nur sparsam oder lasse es am besten ganz weg!

Zubereitung:

Die Haferflocken mit 300 bis 500 ml Wasser oder fettfreier Bouillon kurz aufkochen und ca. fünf Minuten mit geschlossenem Deckel quellen lassen. Alternativ über mehrere Stunden in kaltem Wasser einlegen.

Je nach Geschmack mit Gemüse oder Beeren verfeinern. Um den nussigen Geschmack zu betonen, kann man die Flocken vor der Verarbeitung in einer beschichteten Pfanne ohne Fett leicht anbräunen.

BEVOR DU LOSLEGST

Bevor es losgeht, folgen hier noch einige allgemeine Hinweise zu meinen Rezepten.

Wichtig: Es handelt sich nicht um Rezepte für eine Haferkur, sondern um vollwertige Alltagsrezepte für eine dauerhaft gesunde Ernährung.

Alle Rezepte sind glutenfrei, wenn du darauf achtest, nur glutenfrei gekennzeichnete Haferflocken zu verwenden. Es gibt allerdings Personen mit Zöliakie, die keinen glutenfreien Hafer vertragen, achte auf deine Verträglichkeit und kläre es gegebenenfalls mit deinem Arzt ab.

Bei Milchprodukten (Milch, Quark, Joghurt, Frischkäse, etc.) kannst du natürlich immer eine laktosefreie oder pflanzliche Alternative wählen. Mandel- und Haferdrink können problemlos gegen einen anderen Pflanzendrink oder Kuhmilch getauscht werden.

Alle meine Rezepte kommen mit wenig Süßungsmitteln aus, sind jedoch auch bei Kindern sehr beliebt. Ich verwende in meinen Rezepten den Ausdruck »Süße« oder »flüssige Süße«, so kann jeder selbst entscheiden, was er verwenden möchte. Für »Süße« verwende bitte kristallisiertes Süßungsmittel. Eine gesündere Alternative zu Haushaltszucker ist hier zum Beispiel Dattelzucker. Gesunde Möglichkeiten für »flüssige Süße« sind zum Beispiel Agavendicksaft, Ahornsirup oder Dattelsirup. Auch Honig kannst du verwenden.

Jeder Körper ist individuell, deshalb richte dich nach deiner Verträglichkeit und deinem Geschmack. In manchen Rezepten verwende ich Puderzucker. In geringen Mengen finde ich es vertretbar, wer allerdings ganz auf Industriezucker verzichten möchte, kann ihn gerne weglassen oder ersetzen.

Viele Rezepte enthalten Schokolade. Achte bei dunkler Schokolade darauf, dass sie mindestens 70 Prozent Kakaoanteil enthält, also viel gesunden Kakao und wenig ungesunden Zucker. Wird in den Rezepten hellere Schokolade oder weiße Schokolade verwendet, kannst du diese weglassen bzw. durch dunkle Schokolade ersetzen, wenn du darauf achtest, möglichst wenig Industriezucker zu essen. Ebenso solltest du bei den eingelegten Früchten darauf achten, dass sie ohne Zucker eingelegt wurden.

In manchen Rezepten verwende ich Puddingpulver. Bitte achte darauf, ein Pulver zu verwenden, das ohne künstliche Aromen und Farbstoffe auskommt. Am besten in Bio-Qualität. Für zwei Rezepte braucht man Gelatine. Wer sich vegan oder vegetarisch ernährt, kann diese durch eine pflanzliche Alternative (zum Beispiel Agar-Agar) ersetzen.

Hafermehl kannst du sehr leicht selbst herstellen: Die Flocken können in einem Hochleistungsmixer oder einer Getreide-Kaffeemühle fein gemahlen werden.

Wenn im Rezept »Nussmus« steht, ist es dir selbst überlassen, welches du benutzen möchtest.

Für manche Rezepte brauchst du etwas Ausrüstung: eine Mikrowelle, einen Hochleistungsmixer oder bestimmte Backformen. Ich habe wo möglich versucht, dir in den Rezepten Alternativen aufzuzeigen, wenn deine Küche nicht ganz so gut ausgestattet ist.

Die Größe der verwendeten Backform ist meist angegeben. Wenn du eine andere Größe verwendest, bitte die Backzeit anpassen und die Stäbchenprobe nicht vergessen. Dazu steckst du ein Holzstäbchen nach Ablauf der angegebenen Backzeit in den Kuchen. Bleibt kein Teig mehr daran haften, ist er fertig.

Ich wünsche dir

gutes Gelingen

und viel Spaß beim Zubereiten

sowie Verspeisen der

„gesunden Sünden“!

Frühstück

DREI GRUNDREZEPTE

Mit diesen drei Grundrezepten kannst du eine Vielzahl an Gerichten zaubern. Trau dich, allerlei Lebensmittel einzubauen oder auszutauschen, deiner Kreativität sind keine Grenzen gesetzt.

Porridge

Zutaten (für eine Person)

50 g Haferflocken
200 ml Flüssigkeit nach Wahl (Wasser, Milch, Pflanzendrink)
1 EL geschrotete Leinsamen
½ Banane, zerdrückt
1 Prise Salz

Zubereitung

1. Alle Zutaten in einem Topf bei niedriger Temperatur für fünf bis zehn Minuten eindicken lassen.
2. In eine Schale geben und nach Lust und Laune toppen.

Overnight Oats

Zutaten (für eine Person)

50 g Haferflocken

100 ml Flüssigkeit nach Wahl (Wasser, Milch, Pflanzendrink)

1 EL flüssige Süße

1 Prise Salz

Zubereitung

1. Alle Zutaten in einer Schale vermischen.
2. Für mindestens eine Stunde oder über Nacht im Kühlschrank aufbewahren.

Baked Oats

Zutaten (für eine Person)

50 g Haferflocken

125 ml Flüssigkeit nach Wahl (Wasser, Milch, Pflanzendrink)

½ zerdrückte Banane oder 50 g Apfelmus

½ TL Backpulver

1 Prise Salz

Zubereitung

1. Den Backofen auf 180 °C Heißluft vorheizen.
2. Alle Zutaten in einer ofenfesten Schale vermischen.
3. Für 20 bis 25 Minuten backen.
4. Warm oder kalt genießen.

■ TIPP: Schmecken auch als Nachtisch ausgezeichnet.

Apfel-Granola

VEGAN

Zutaten (für vier Personen)

150 g Haferflocken
75 g gehackte Nüsse nach Wahl
25 g Mandelmus
25 g zerbröselte Apfelchips
60 g Apfelmus
1 EL Kokosöl
1 EL flüssige Süße
1 TL Zimt
1 Prise Salz

Zubereitung

1. Den Backofen auf 160 °C Heißluft vorheizen.
2. Alle Zutaten in einer großen Schale vermischen.
3. Auf einem mit Backpapier ausgelegten Blech verteilen.
4. Für 20 Minuten backen, nach zehn Minuten einmal durchmischen.
5. Auf dem Blech auskühlen lassen.
6. In ein luftdichtes Glas füllen, so ist das Granola bis zu zwei Wochen haltbar. Mit Milch, Pflanzendrink oder Joghurt genießen.

Schoko-bällchen

Zutaten (für ein Blech)

50 g Hafermehl
2 EL flüssige Süße
25 ml Haferdrink
1 EL Backkakao
1 EL Kokosöl
1 Msp. Backpulver
1 Prise Salz

Zubereitung

1. Den Backofen auf 180 °C Heißluft vorheizen.
2. Alle Zutaten vermengen und kneten bis ein Teig entsteht.
3. Aus kleinen Portionen vom Teig haselnussgroße Bällchen formen.
4. Auf ein mit Backpapier ausgelegtes Blech legen und für 10 bis 15 Minuten backen.
5. Auskühlen lassen, in Milch deiner Wahl genießen oder in einem luftdichten Glas lagern. Bis zu zwei Wochen haltbar.

VEGAN

Apfelkuchen-Baked-Oats

Zutaten (für eine Person)

50 g Haferflocken
50 g Apfelmus
75 ml Mandeldrink
1 EL Süße
½ TL Backpulver
1 Prise Salz
½ Apfel
1 EL Mandelblättchen

Für das Topping

Mandelmus

Zubereitung

1. Den Backofen auf 180 °C Heißluft vorheizen.
2. Alle Zutaten bis auf die Apfelspalten und Mandelplättchen in einer ofenfesten Schale verrühren.
3. Die Apfelspalten und Mandelblättchen auf der Masse verteilen.
4. Für 20 Minuten backen, mit Mandelmus garnieren, kurz auskühlen lassen und warm genießen.

Apfelstrudel-Porridge

Zutaten (für eine Person)

50 g Haferflocken
1 EL geschrotete Leinsamen
150 ml Wasser
75 ml Milch
1 EL flüssige Süße
1 Prise Salz
1 Prise Zimt

Für die Vanillesauce

100 ml Milch
1 TL Vanillepuddingpulver
1-2 EL Süße

Für das Topping

½ Apfel
1 TL Kokosöl
Nüsse: 1 EL Mandeln, 1 EL Walnüsse
1 Prise Zimt

Zubereitung

1. Alle Zutaten für das Porridge in einem Topf leicht erhitzen und für fünf Minuten eindicken lassen.
2. Für die Vanillesauce einen Esslöffel Milch mit dem Vanillepuddingpulver verrühren.
3. Die restliche Milch aufkochen lassen, das angemischte Puddingpulver und die Süße hinzufügen, rühren, bis es eingedickt ist.
4. Für das Topping den Apfel klein schneiden, mit dem Kokosöl in einer Pfanne bei mittlerer Hitze kurz anrösten lassen.
5. Auf das Porridge geben, mit Nüssen und Zimt bestreuen und genießen.

Bananen-Pancakes

Zutaten (für eine Person)

1 Ei, getrennt
50 g Hafermehl
1 TL Backpulver
1 Prise Salz
½ Banane, zerdrückt

Für die Kakaosauce

15 g Backkakao
50 ml Milch
½ EL Süße

Für das Topping

Banane, in Scheiben geschnitten
Granatapfelkerne
Kakaonibs

Zubereitung:

1. Das Eiweiß steif schlagen.
2. Das Eigelb mit den restlichen Zutaten glattrühren.
3. Den Eischnee unterheben.
4. Drei Esslöffel des Pfannkuchenteigs in eine leicht gefettete, heiße Pfanne geben und bei mittlerer Temperatur zu Pfannkuchen ausbacken. Nach ungefähr drei Minuten wenden und fertig backen.
5. Für die Kakaosauce alle Zutaten glattrühren, über die fertigen Pancakes gießen.
6. Toppen und genießen.

Bananenbrot

VEGAN

Du brauchst: Backform 10 x 15 cm, Hochleistungsmixer

Zutaten (für sechs Personen)

2 Bananen
150 g Haferflocken (alternativ Hafermehl)
80 ml Mandeldrink
25 g Kokosöl
3 EL flüssige Süße
½ Packung Backpulver
1 Prise Zimt
1 Prise Salz

Für das Topping

1 Banane, länglich halbiert
1 EL gehackte Nüsse nach Wahl

Zubereitung:

1. Den Backofen auf 180 °C Heißluft vorheizen.
2. Alle Zutaten in einem Hochleistungsmixer zu einer homogenen Masse verarbeiten (alternativ die Bananen zerdrücken, Hafermehl statt Haferflocken verwenden und alle Zutaten zu einer glatten Masse verrühren).
3. Den Teig in eine leicht gefettete, ofenfeste Backform geben.
4. Die Bananenhälften und gehackten Nüsse darauf verteilen.
5. Für 45 bis 50 Minuten backen (Stäbchenprobe!).
6. Auskühlen lassen, dann anschneiden.

TIPP: Für verschiedene Varianten kannst du gehackte Nüsse, Beeren oder Schokodrops in den Teig geben.

Tiramisu-Oats

Zutaten (für eine Personen)

50 g Haferflocken
70 ml Kaffee
50 ml Milch
1 EL flüssige Süße
1 TL Chiasamen

Für das Topping

75 g Joghurt
1 TL Backkakao

Zubereitung:

1. Alle Zutaten vermischen und über Nacht in den Kühlschrank stellen.
2. Am nächsten Morgen den Joghurt auf dem Haferbrei verteilen und den Backkakao darüber sieben.

Blueberry-Cheesecake-Porridge

Zutaten (für eine Person)

Für das Porridge

50 g Haferflocken
½ Banane, zerdrückt
1 TL Chiasamen
200 ml Milch
1 EL Süße

Sonstiges:

75 g Quark
35 g Frischkäse

Für das Topping:

100 g gefrorene Beeren
1 EL Mandelmus
1 EL Mandelblättchen
1 Prise Chiasamen

Zubereitung:

1. Alle Porridgezutaten in einem Topf bei niedriger Temperatur für sieben Minuten eindicken lassen.
2. In eine Schale geben, Quark und Frischkäse einrühren.
3. Die gefrorenen Beeren in einem Topf bei niedriger Temperatur erwärmen.
4. Porridge mit warmen Beeren, Mandelmus, Mandelblättchen und Chiasamen toppen und genießen.

Feines Zimt-Porridge mit Feige

VEGAN

Du brauchst: Pürierstab

Zutaten (für eine Person)

Für das Porridge

50 g Haferflocken
1 EL geschrotete Leinsamen
½ Banane, zerdrückt
160 ml Haferdrink
1 Prise Salz
½ TL Zimt

Für das Topping

1 Feige
1 Handvoll Blaubeeren
1 Prise Zimt
2 Walnüsse, gehackt
1 TL gepuffter Quinoa

Zubereitung:

1. Alle Porridgezutaten in einem Topf bei niedriger Temperatur für fünf bis sieben Minuten eindicken lassen, dann mit einem Pürierstab fein pürieren.
2. In eine Schale geben.
3. Für das Topping die Feige in Stücke schneiden und mit den restlichen Zutaten auf dem Porridge verteilen.

Frühstückskipferl

Zutaten (für acht Stück)

Für den Teig

165 g Hafermehl
55 g Buchweizenmehl
150 g Quark
30 g Süße
1 Ei
3 EL Rapsöl
1 TL Backpulver
1 TL Natron
1 Prise Salz

Für die Füllung

Ca. 120 g Nussnougatcreme (1 EL pro Kipferl, alternativ Marmelade)

Zum Bestreichen und Bestreuen

1 Eigelb
2 EL Milch
Hagelzucker (optional)

Zubereitung:

1. Den Backofen auf 180 °C Heißluft vorheizen.
2. Alle Zutaten in eine Schüssel geben und zu einem glatten Teig verarbeiten.
3. Den Teig auf einer gut bemehlten Unterfläche zu einem Kreis ausrollen, dann achteln. Auf den äußeren Rand der Achtel die Füllung geben, dann von außen nach innen zu Kipferln aufrollen.
4. Auf ein mit Backpapier ausgelegtes Blech legen.
5. Das Eigelb mit der Milch verquirlen und auf die Kipferl pinseln, diese anschließend optional mit Hagelzucker bestreuen.
6. Für 20 bis 25 Minuten backen, am besten noch warm genießen.

■ INFO: Du kannst die Kipferl auch ohne Füllung zubereiten. Sie eignen sich auch super zum Einfrieren.

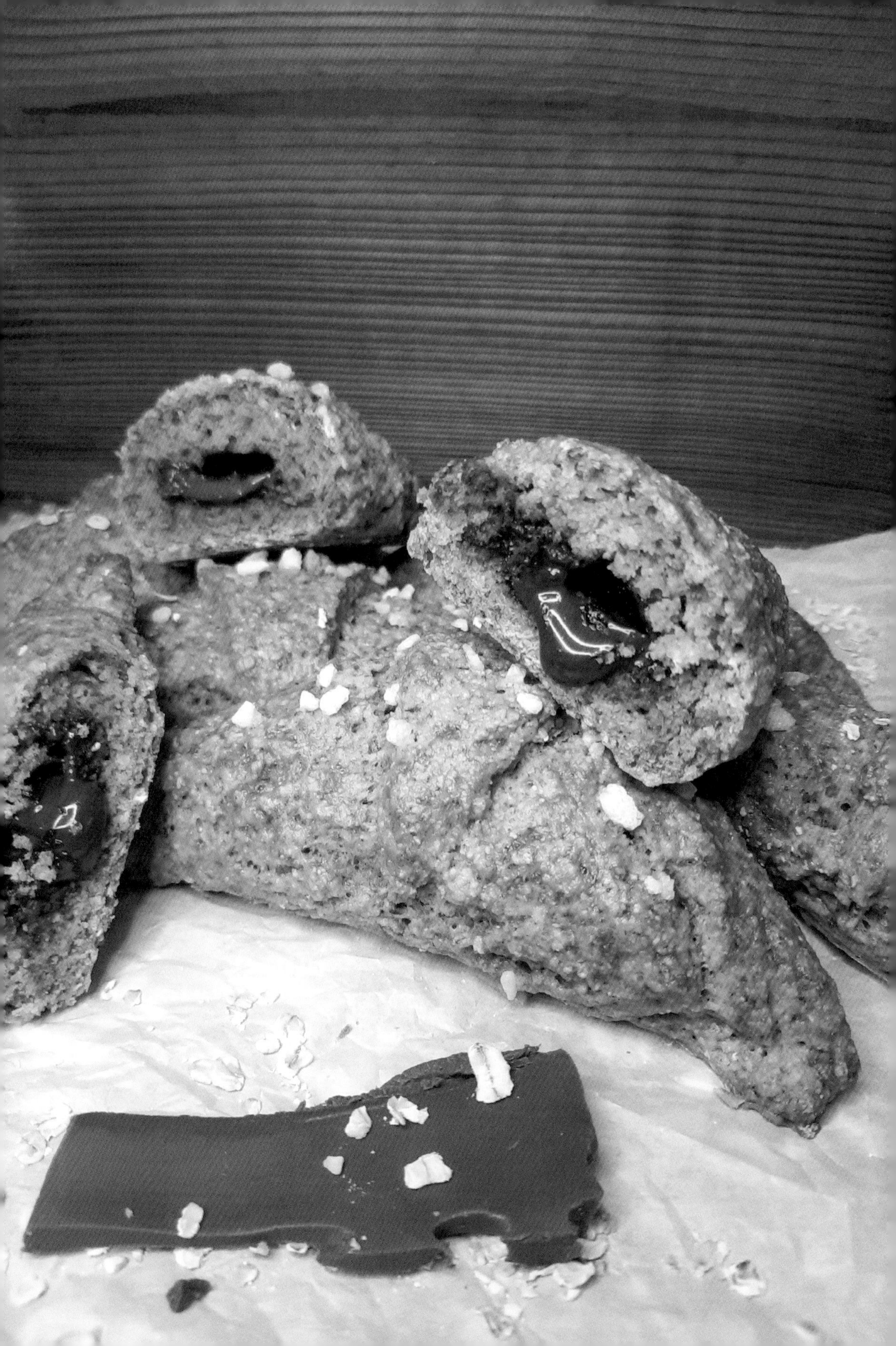

Süße Frühstückspizza

Zutaten (für zwei Personen)

Für den Teig
140 g Banane, zerdrückt, alternativ Apfelmus
75 g Haferflocken
1 EL geschrotete Leinsamen
1 Prise Salz

Für den Belag
100 g Joghurt
Obst nach Wahl: zum Beispiel Kiwi, Trauben, Erdbeeren, Himbeeren, Heidelbeeren, Pflaumen

Zubereitung

1. Den Backofen auf 180 °C Heißluft vorheizen.
2. Alle Teigzutaten vermengen.
3. Die Masse rund auf ein Backpapier streichen.
4. Für 20 Minuten backen, dann kurz auskühlen lassen.
5. Mit Joghurt bestreichen und Obst belegen.

Grüne Smoothie-Bowl

BLITZ REZEPT · VEGAN

Du brauchst: Hochleistungsmixer

Zutaten (für eine Person)

25 g Haferflocken

100 g veganer Joghurt eurer Wahl

1 Banane

1 Kiwi

1 EL Avocado

30 g Spinat, frisch oder gefroren

Für das Topping nach Wahl

Zum Beispiel Banane, Kiwi, gefrorene Johannisbeeren, Kokosflocken, gemahlene Kürbiskerne, Chiasamen, Hanfsamen, gepuffter Quinoa

Zubereitung:

1. Alle Zutaten in einem Hochleistungsmixer zu einer feinen Masse verarbeiten.
2. Nach Wahl toppen und genießen.

Hafer-Joghurt-Brötchen

Zutaten (für sechs Stück)

100 g Hafermehl
50 g Haferflocken
125 g Joghurt
1 Ei
½ TL Salz
1 TL Backpulver

Zum Bestreuen

1 EL Samen deiner Wahl (zum Beispiel Sesam, Mohn)

Zubereitung:

1. Den Backofen auf 200 °C Heißluft vorheizen.
2. Alle Zutaten vermengen und kneten bis ein Teig entsteht.
3. Sechs kleine Häufchen auf ein mit Backpapier ausgelegtes Blech geben.
4. Mit nassen Händen Dreiecke formen und mit Samen bestreuen.
5. Im vorgeheizten Backofen ca. 20 Minuten backen, auskühlen lassen.

TIPP: Die Semmeln kannst du süß oder herzhaft belegen. Ich essen sie gerne mit Joghurt und karamellisierten Apfelspalten.

Rote Smoothie-Bowl

Du brauchst:
Pürierstab

Zutaten (für eine Person)

1 Banane
100 g Himbeeren
100 g Johannisbeeren
25 g Haferflocken
50 g Wasser
1 TL Flohsamenschalen
100 g veganer Joghurt nach Wahl

Topping nach Wahl
Zum Beispiel Himbeeren, Johannisbeeren, Blaubeeren, Granola (siehe Seite 25), Kokosflocken

Zubereitung:

1. Alle Zutaten bis auf den Joghurt fein pürieren.
2. Den Smoothie in eine Schale geben und den Joghurt spiralförmig einrühren.
3. Nach Lust und Laune toppen und genießen.

BLITZ REZEPT

VEGAN

Drei-Minuten-Tassenbrötchen

BLITZ REZEPT

Du brauchst: Mikrowelle

Zutaten (für ein Brötchen)

50 g Hafermehl

20 ml Milch

1 Ei

1 EL Joghurt

1 TL Backpulver

1 Prise Salz

Zubereitung:

1. Alle Zutaten gut verrühren.
2. Die Masse in eine leicht gefettete große Tasse geben.
3. Für drei Minuten bei 600 Watt in die Mikrowelle stellen. (Alternativ in einer ofenfesten Form für 13 bis 15 Minuten im vorgeheizten Backofen bei 180 °C Heißluft backen.)
4. Aus der Tasse stürzen und kurz auskühlen lassen.

Chia-Haferpudding mit Erdbeeren

Zutaten (für eine Person)

15 g Haferflocken
15 g Chiasamen
100 ml Milch
150 g Joghurt
1 EL flüssige Süße
1 Prise Vanillemark
75 g Erdbeeren
75 g pürierte Erdbeeren
10 g weiße Schokolade, gehobelt (optional)

Zubereitung:

1. Alle Zutaten bis auf Erdbeeren und Schokolade vermischen.
2. Die halbe Menge in ein Glas füllen.
3. Ein paar Erdbeeren in Scheiben schneiden und an den Rand des Glases drücken. Die restlichen Erdbeeren klein schneiden und in die Mitte geben.
4. Die übrige Masse ins Glas schütten.
5. Die pürierten Erdbeeren darauf verteilen.
6. Die weiße Schokolade darüber streuen und für mindestens eine Stunde oder über Nacht kalt stellen.

Haferdrink

VEGAN

Du brauchst: Hochleistungsmixer

Zutaten (für zwei Personen)

50 g Haferflocken
1 Prise Salz
1 Dattel (für die Süße)
500 ml Wasser
Wasser zum Einweichen

Zubereitung:

1. Die Haferflocken in Wasser ca. zwei bis drei Stunden einweichen lassen.
2. Anschließend die Flocken in einem Sieb abseihen und mit klarem Wasser abspülen.
3. Die abgespülten Haferflocken, 500 ml Wasser, Salz und die Dattel in einem Hochleistungsmixer ein bis zwei Minuten auf höchster Stufe zerkleinern.
4. Haferdrink durch ein Sieb streichen und im Kühlschrank aufbewahren.

■ TIPP: Der Drink ist gekühlt drei bis vier Tage haltbar. Vor der Verwendung kurz schütteln.

Frühstücksmuffins

VEGAN

Du brauchst: Muffinbackform

Zutaten (für fünf Stück)

75 g Hafermehl
25 g gemahlene Mandeln
50 ml Mandeldrink
50 g Apfelmus
50 g Apfel, geraspelt
50 g Zucchini, fein geraspelt
30 g Karotte, fein geraspelt
2 EL flüssige Süße
2 TL Backpulver
1 Prise Salz

Zum Bestreuen

Mandelblättchen

Zubereitung:

1. Den Backofen auf 180 °C Heißluft vorheizen.
2. Alle Zutaten zu einer glatten Masse verrühren.
3. Den Teig in Muffinformen verteilen und für 25 Minuten backen.
4. Auskühlen lassen, dann genießen.

Pfannen-Granola

Zutaten (für eine Person)

50 g Haferflocken
1 EL Mandelblättchen oder andere gehackte Nüsse
1 EL Sonnenblumenkerne
1 EL flüssige Süße
½ EL Kokosöl
1 Prise Salz
1 Prise Zimt

Zubereitung:

1. Alle Zutaten in einer Pfanne bei mittlerer Temperatur ca. zehn Minuten anrösten. (Dabeibleiben, und immer wieder umrühren!)
2. Kurz auskühlen lassen.
3. Mit Joghurt und Obst genießen.

BLITZ REZEPT

VEGAN

Zucchini-Porridge

Zutaten (für eine Person)

50 g Haferflocken
50 g Zucchini, fein gerieben
½ Banane, zerdrückt
200 ml Mandeldrink
1 TL flüssige Süße
1 Prise Salz

Für das Topping

50 g gefrorene Himbeeren, kurz aufgekocht
1 EL Mandelblättchen
1 TL gepuffter Quinoa

Zubereitung:

1. Alle Zutaten in einem Topf bei niedriger Temperatur sieben bis zehn Minuten eindicken lassen.
2. In eine Schale geben, toppen und genießen.

VEGAN

Torten und Kuchen

Bananentorte

Du brauchst: Backform 17 cm Ø, Hochleistungsmixer

Zutaten (für sechs Personen)

Für den Teig

100 g entsteinte weiche Datteln
100 g Banane
3 Eier
50 g Hafermehl
50 g gemahlene Mandeln
50 ml Wasser
20 g Backkakao
½ Packung Backpulver

Für die Creme

250 ml Milch
1 Packung Vanillepuddingpulver
1 EL Süße
150 g Mascarpone
1 Packung Vanillezucker (alternativ 1 EL Dattelzucker und ½ TL Vanillemark)

Für den Belag

2 Bananen, länglich halbiert
1 TL Backkakao

Zubereitung

1. Den Backofen auf 180 °C Heißluft vorheizen.
2. Datteln, Banane und Eier in einem Hochleistungsmixer zu einer feinen Masse pürieren. (Wer keinen Mixer hat, kann die Datteln weglassen und stattdessen 200 g zerdrückte Bananen und 1 EL flüssige Süße mit den Eiern verquirlen.)
3. Die restlichen Teigzutaten hinzufügen, zu einem glatten Teig verarbeiten.
4. Den Teig in eine leicht gefettete Kuchenform geben und für 25 Minuten backen.
5. Während der Kuchen auskühlt die Creme zubereiten.
6. Hierfür drei Esslöffel von der Milch mit dem Puddingpulver glattrühren, die restliche Milch mit der Süße aufkochen lassen, das angerührte Puddingpulver hinzugeben, mit einem Schneebesen einrühren und kurz eindicken lassen.
7. Kurz auskühlen lassen, dann die Mascarpone und den Vanillezucker einrühren.
8. Den Kuchen halbieren und den Boden mit den halbierten Bananen belegen, die halbe Menge der Creme darüber verteilen und die andere Kuchenhälfte auflegen.
9. Die restliche Creme auf dem Kuchen verstreichen, den Backkakao darüber sieben und für eine Stunde kalt stellen.

Brookies

Du brauchst: Backform 10 x 15 cm

Zutaten (für sechs Personen)

Für die Browniemasse

25 g dunkle Schokolade
50 g Hafermehl
10 g Backkakao
25 g Kokosöl
25 g Apfelmus
50 ml Mandeldrink
50 g Süße
1 Prise Salz

Für die Cookiemasse

50 g Hafermehl
25 g weiche Butter
20 g Süße
1 EL Apfelmus
½ TL Backpulver
15 g Schokoladendrops
1 Prise Salz

Zubereitung:

1. Den Backofen auf 180 °C Heißluft vorheizen.
2. Die Schokolade schmelzen und mit den restlichen Browniezutaten zu einem glatten Teig verrühren.
3. Diesen in eine leicht gefettete ofenfeste Backform geben.
4. Für die Cookiemasse alle Zutaten zu einem Teig verarbeiten.
5. Den Cookieteig in Stücke reißen und auf der Browniemasse verteilen.
6. Für 30 Minuten backen.
7. Auskühlen lassen, dann anschneiden.

Cheesecake-Brownie

Du brauchst: Backform 10 x 15 cm

Zutaten (für sechs Personen)

Für den Brownieteig
25 g dunkle Schokolade
75 g Hafermehl
100 ml Milch
25 g Apfelmus
15 g Backkakao
50 g Süße
1 TL Backpulver
1 Prise Salz

Für die Cheesecakemasse
100 g Frischkäse
100 g Quark
10 g Vanillepuddingpulver
25 g Süße

Zubereitung:

1. Schokolade schmelzen und mit den übrigen Zutaten für den Brownieteig zu einer homogenen Masse verrühren.
2. Den Teig in eine ofenfeste Backform füllen.
3. Alle Zutaten für die Cheesecakemasse cremig rühren.
4. Auf dem Brownieteig verteilen.
5. Mit einer Gabel leicht von unten nach oben durchmischen und ein Muster ziehen.
6. Bei 180 °C Heißluft ca. 30 Minuten backen, auskühlen lassen und genießen.

Buttermilchkuchen mit Zimtswirl

Du brauchst: Backform 10 x 15 cm

Zutaten (für sechs Personen)

Für den Zimtswirl

2 TL Zimt
2 EL Süße
1 EL flüssige Süße

Für den Buttermilchkuchen

150 g Hafermehl
50 g Süße
5 g Backpulver
½ TL Salz
1 Ei
175 ml Buttermilch
2 EL Rapsöl

Für den Zuckerguss (optional)

25 g Puderzucker
1 TL Milch

Zubereitung:

1. Den Backofen auf 180 °C Heißluft vorheizen.
2. Für den Zimtswirl alle Zutaten vermengen.
3. Die trockenen Zutaten für den Kuchen vermischen.
4. Das Ei mit der Buttermilch verrühren.
5. Die trockenen Zutaten und das Öl unterheben und alles zu einem glatten Teig verrühren.
6. Die halbe Menge Teig in eine ofenfeste Backform geben.
7. Die halbe Menge Zimtswirl darauf verteilen.
8. Den restlichen Teig darauf geben und den übrigen Swirl darüber verteilen.
9. Für 40 Minuten backen. (Stäbchenprobe!)
10. Den Buttermilchkuchen auskühlen lassen.
11. Bei Bedarf mit Zuckerguss toppen. Dafür den Puderzucker mit der Milch glattrühren, dann über dem ausgekühlten Kuchen verteilen.

Karotten-Kokos-Kuchen

Du brauchst: Backform 20 x 15 cm

Zutaten (für neun Personen)

2 Eier, getrennt

1 Prise Salz

25 g Hafermehl

50 g gemahlene Mandeln

50 g Kokosflocken

50 g Süße

50 ml Mandeldrink

100 g Karotten, gerieben

2 TL Backpulver

Für das Topping

1 EL Marillenmarmelade

3 EL Kokosflocken

1 TL Pistazien, gehackt

1 Handvoll Karotten, gerieben

Zubereitung:

1. Den Backofen auf 180 °C Heißluft vorheizen.
2. Das Eiweiß mit der Prise Salz zu Schnee schlagen und beiseitestellen.
3. Das Eigelb mit den restlichen Zutaten vermischen.
4. Den Eischnee unterheben.
5. Den Teig auf ein mit Backpapier ausgelegtes Blech streichen.
6. Für 30 Minuten backen.
7. Den Kuchen auskühlen lassen, dann mit Marmelade bestreichen und Kokosflocken, geriebenen Karotten und Pistazien bestreuen.

Kleiner Vanillegugelhupf

Du brauchst: ***Minigugelhupfform (alternativ Muffinbackform)***

Zutaten (für sechs Stück)

2 Eier, getrennt
1 Prise Salz
50 g Süße
100 g Hafermehl
125 g Quark
40 ml Rapsöl
5 EL Milch
½ Packung Vanillepuddingpulver
½ Packung Backpulver
½ TL Vanillemark

Zum Bestreuen (optional)

Puderzucker

Zubereitung:

1. Den Backofen auf 180 °C Heißluft vorheizen.
2. Das Eiklar mit der Prise Salz steif schlagen und beiseitestellen.
3. Das Eigelb mit der Süße schaumig rühren.
4. Die restlichen Zutaten zur Eigelbmasse geben und zu einem glatten Teig verrühren.
5. Den Eischnee unterheben.
6. Den Teig in gefettete Minigugelhupfformen (alternativ Muffinformen) füllen.
7. Für 25 Minuten backen.
8. Auskühlen lassen, dann aus der Backform stürzen.

Nuss- oder Mohnschnecken

Du brauchst: Backform 18 x 12 cm

Zutaten (für vier Personen)

Für den Teig

100 g Buchweizenmehl
50 g Hafermehl
100 g Quark
1 Ei
3 EL Süße
2 TL Backpulver
1 Prise Salz
Milch zum Bestreichen

Für die Füllung

70 g gemahlener Mohn oder gemahlene Nüsse nach Wahl
2 EL flüssige Süße
40 g Quark
1 Schuss Milch
1 Prise Zimt

Zubereitung:

1. Alle Teigzutaten zu einer homogenen Masse verkneten.
2. Den Teig zugedeckt zehn Minuten stehen lassen.
3. Den Backofen auf 160 °C Heißluft vorheizen.
4. Währenddessen die Füllung vorbereiten.
5. Alle Zutaten für die Füllung glattrühren.
6. Den Teig auf einer bemehlten Unterfläche quadratisch ausrollen (ca. ein Zentimeter dick)
7. Mit der Füllung bestreichen, dann zusammenrollen.
8. Von der Teigrolle ungefähr vier Zentimeter dicke Scheiben abschneiden.
9. In eine ofenfeste Backform legen und mit Milch bestreichen.
10. Für 25 bis 30 Minuten backen. (Stäbchenprobe!)
11. Auskühlen lassen und bei Bedarf mit Zuckerguss bestreichen, dafür 15 g Puderzucker und 1 TL Wasser cremig rühren.

Kleiner Orangen-Cheesecake

Du brauchst: Muffinbackform, Mixer

Zutaten (für sechs Stück)

Für den Haferboden

50 g Haferflocken
1 EL Nussmus nach Wahl
1 EL Kokosöl
1 EL flüssige Süße

Für die Cheesecakemasse

1 Ei
50 g Süße
125 g Quark
125 g Frischkäse
50 g Saure Sahne
1 EL Hafermehl
Saft und Schale einer halben Orange
1 Prise Salz

Für das Topping

50 ml Orangensaft
15 g Süße

Zubereitung:

1. Den Backofen auf 120 °C Ober- und Unterhitze vorheizen.
2. Die Haferflocken im Mixer zerkleinern (alternativ Hafermehl verwenden), anschließend mit Nussmus, Kokosöl und Süße verrühren.
3. Je einen Esslöffel der Masse in den Boden der Muffinformen drücken.
4. Für die Cheesecakemasse das Ei mit der Süße schaumig aufschlagen.
5. Die restlichen Zutaten hinzufügen und einrühren.
6. Auf den Haferboden in die Muffinformen geben.
7. Für 60 Minuten backen.
8. In der Backform auskühlen lassen, dann vorsichtig herausnehmen.
9. Für das Topping den Orangensaft mit der Süße in einem Topf erhitzen und für drei Minuten köcheln lassen.
10. Auf den Mini-Cheesecakes verteilen.

Zucchinikuchen

Du brauchst: Backform 17 cm Ø

Zutaten (für sechs Personen)

2 Eier

40 g Süße

100 g Zucchini, gerieben

80 g Hafermehl

60 g Skyr oder Quark

25g gemahlene Mandeln

1 Prise Salz

1 Prise Zimt

1 TL Backpulver

2 Handvoll Beeren

Für die Deko

Mandelblättchen, Puderzucker, Brombeeren

Zubereitung:

1. Die Eier mit der Süße schaumig schlagen, Beeren beiseitestellen.
2. Die Eimasse mit den restlichen Zutaten kurz verrühren, dann die Beeren unterheben.
3. Den Teig in eine gefettete Kuchenform füllen.
4. Bei 180 °C für 35 Minuten backen.
5. Auskühlen lassen, dekorieren und genießen.

Butter-Schmand-Kuchen

Du brauchst: Backform 20 x 25 cm

Zutaten (für acht Personen)

250 g Schmand oder saure Sahne
2 Eier
150 g Hafermehl
75 g Süße
½ TL Salz
1 Packung Backpulver

Für den Belag

50 g kalte Butter, grob gerieben
100 g Mandelblättchen

Zubereitung:

1. Den Backofen auf 200 °C Ober- und Unterhitze vorheizen.
2. Den Schmand mit den Eiern verrühren.
3. Die restliche Zutaten hinzufügen und kurz vermengen, bis eine homogene Masse entsteht.
4. Den Teig in eine ofenfeste Backform geben.
5. Die geriebene Butter darauf verteilen.
6. Die Mandeln drüberstreuen.
7. Für 30 Minuten backen.

Schwarzwälder Kirschrolle

***Du brauchst:* Backform 35 x 25 cm**

Zutaten (für sechs bis acht Personen)

3 Eier
50 g Süße
1 Packung Vanillezucker
70 g Hafermehl
20 g Maisstärke
20 g gemahlene Mandeln
20 g Backkakao
1 TL Backpulver

Für die Füllung

350 g Sauerkirschen (Glas)
60 ml Saft von den eingelegten Kirschen
1 EL Maisstärke
250 ml Sahne
1 Packung Sahnesteif

Für die Deko

15 g dunkle Schokolade, gerieben

Zubereitung:

1. Backofen auf 200 °C Ober- und Unterhitze vorheizen.
2. Die Eier, Süße und Vanillezucker schaumig schlagen, 1 EL heißes Wasser hinzufügen.
3. Die trockenen Zutaten in die Schaummasse sieben und unterheben.
4. Dünn auf ein mit Backpapier ausgelegtes Blech streichen.
5. Für ca. sieben Minuten in den Backofen stellen.
6. Den Biskuit in Backpapier einrollen und zehn Minuten auskühlen lassen.
7. Die Kirschen abtropfen lassen und den Saft mit einem Esslöffel Maisstärke kurz aufkochen lassen, die Kirschen hinzufügen und auskühlen lassen.
8. Die Sahne mit dem Sahnesteif schlagen.
9. Die Biskuitrolle ausklappen, mit drei Viertel der Sahne und dem Kirschkompott bestreichen und anschließend wieder einrollen.
10. Die fertige Rolle mit der restlichen Sahne bestreichen und mit geriebener Schokolade dekorieren.

Marmorgugelhupf

Du brauchst: Gugelhupfbackform 18 cm Ø

Zutaten (für sechs Personen)

3 Eier, getrennt
1 Prise Salz
50 g weiche Butter
70 g Süße
25 g Apfelmus
100 g Joghurt
25 ml Milch
150 g Hafermehl
1 Packung Vanillezucker (alternativ 1 EL Süße und ½ TL Vanillemark)
10 g Backpulver
15 g Backkakao
1 EL Milch

Zubereitung:

1. Den Backofen auf 170 °C Heißluft vorheizen.
2. Das Eiweiß mit der Prise Salz zu Schnee schlagen und beiseitestellen.
3. Weiche Butter, Eigelb und Süße verrühren.
4. Apfelmus, Joghurt und Milch einrühren.
5. Hafermehl, Vanillezucker und Backpulver hinzufügen und zu einer glatten Masse verarbeiten.
6. Den Eischnee unterheben.
7. Ungefähr die Hälfte vom Teig in einer separaten Schüssel mit Backkakao und Milch verrühren.
8. Die helle Masse in eine gefettete und bemehlte Gugelhupfbackform geben.
9. Die Kakaomasse darüber verteilen und mit einer Gabel leicht von unten nach oben durchmischen.
10. Für 35 Minuten backen, auskühlen lassen, dann aus der Backform stürzen.

Käsesahneschnitten

Du brauchst: Backform 25 x 20 cm

Zutaten (für acht Personen)

Für den Teig

3 Eier
50 g Süße
70 g Hafermehl
1 EL Maisstärke
30 g Mandeln
1 TL Backpulver
1 Prise Salz

Für die Creme

100 ml Sahne
250 g Quark
100 g Joghurt
1 Packung Vanillezucker (alternativ 1 EL Süße und ½ TL Vanillemark)
etwas Zitronenschale
1–2 EL Holundersirup

Für den Belag

Obst nach Wahl (zum Beispiel Kiwis, Pflaumen oder Erdbeeren)

Zubereitung:

1. Den Backofen auf 200 °C Ober- und Unterhitze vorheizen.
2. Die Eier mit der Süße schaumig rühren, Hafermehl mit Maisstärke, Mandeln und Backpulver vermischen, über die Eiermasse sieben und einarbeiten.
3. Den fertigen Teig auf ein mit Backpapier ausgelegtes Blech streichen.
4. Für 13 Minuten backen (Stäbchenprobe!), dann auskühlen lassen.
5. Für die Creme die Sahne steif schlagen, dann die restlichen Zutaten einrühren. Gleichmäßig auf den Kuchen streichen.
6. Mit Obst deiner Wahl belegen.

Schokoladentorte

Du brauchst: Backform 17 cm Ø

Zutaten (für sechs Personen)

4 Eier, getrennt
1 Prise Salz
80 g weiche Butter
50 g Süße
70 g dunkle Schokolade
1 EL Saure Sahne
70 g Hafermehl
1 EL Maisstärke
1 EL Backkakao
1 TL Backpulver
1 TL Flohsamenschalen

Zum Bestreichen

Aprikosenmarmelade, fein passiert

Für die Glasur

100 g Zartbitter-Kuvertüre 1 TL Kokosöl

Zubereitung:

1. Den Backofen auf 180 °C Ober- und Unterhitze vorheizen.
2. Das Eiweiß mit einer Prise Salz zu Schnee schlagen und beiseitestellen.
3. Die Butter mit dem Zucker schaumig schlagen, die Eigelbe dazugeben und verrühren.
4. Die Schokolade schmelzen und etwas abkühlen lassen, anschließend in die Eigelbmasse einrühren und die Saure Sahne hinzufügen.
5. Hafermehl, Maisstärke, Backkakao, Backpulver und Flohsamenschalen auf die Masse sieben und unterheben.
6. Zum Schluss den Eischnee ebenfalls vorsichtig unterheben.
7. Den Teig in eine gefettete Backform füllen und etwa 40 Minuten backen. (Stäbchenprobe!) Dabei während der ersten zehn Minuten die Ofentür mit einem Kochlöffel spaltbreit offenlassen.
8. Die abgekühlte Torte einmal waagerecht durchschneiden, mit Marmelade bestreichen und wieder zusammensetzen. Die Außenseite dünn mit Marmelade bestreichen.
9. Für die Glasur die Kuvertüre im Wasserbad schmelzen, zwei Esslöffel heißes Wasser sowie das Kokosöl hinzufügen und alles mit einem Schneebesen glatt verrühren. (Wenn die Glasur noch zu dick ist, einen weiteren Esslöffel Wasser verrühren.)
10. Die Glasur sofort auf die Torte gießen und mit einer Palette rundherum glatt verstreichen.
11. Den Kuchen im Kühlschrank aufbewahren.

TIPP: Die liebste Torte meiner Kinder, eignet sich super als Geburtstagskuchen.

Mohnkuchen

BLITZ REZEPT

VEGAN

Du brauchst: Backform 10 x 15 cm

Zutaten (für sechs Personen)

150 g Hafermehl
100 g gemahlener Mohn
150 ml Haferdrink/Mandeldrink
50 g Apfelmus
4 EL flüssige Süße
25 g Kokosöl
1 TL Flohsamenschalen
½ Packung Backpulver
1 Prise Salz

Für den Zuckerguss (optional)

25 g Puderzucker
3 TL Wasser oder Zitronensaft

Zubereitung:

1. Den Backofen auf 180 °C Heißluft vorheizen.
2. Alle Zutaten gut miteinander vermischen.
3. In eine leicht gefettete ofenfeste Backform geben.
4. Für 35 Minuten backen, auskühlen lassen.
5. Für den Zuckerguss Puderzucker mit der Flüssigkeit glattrühren.
6. Mit einem Pinsel auf den Mohnkuchen streichen.
7. Trocknen lassen, dann genießen.

Galette mit Brombeeren

VEGAN

Zutaten (für vier Personen)

Für den Teig

100 g Hafermehl
50 g Apfelmus
25 g Nussmus nach Wahl
25 g Kokosöl
1 EL flüssige Süße
½ TL Flohsamenschalen
½ TL Backpulver
1 Prise Salz

Für die Füllung

200 g Brombeeren
1 EL Marmelade nach Wahl

Für das Topping

1 EL Mandelblättchen, Puderzucker (optional)

Zubereitung:

1. Alle Teigzutaten zu einer glatten Masse verrühren und für 15 Minuten stehen lassen.
2. Den Backofen auf 180 °C Heißluft vorheizen.
3. Den Teig zu einer runden Kugel formen und auf ein mit Backpapier ausgelegtes und leicht bemehltes Blech legen.
4. Mit einem Nudelholz ungefähr einen halben Zentimeter dick zu einem Kreis (ca. 20 cm Durchmesser) ausrollen.
5. Die Marmelade in der Kreismitte verstreichen, etwa einen drei bis vier Zentimeter breiten Rand lassen. Die Beeren darauf geben.
6. Den Rand nach innen klappen und leicht festdrücken.
7. Mit Wasser bepinseln und Mandelblättchen bestreuen.
8. Für 25 Minuten in den Backofen stellen.
9. Auskühlen lassen, bei Bedarf mit Puderzucker bestreuen und genießen.

TIPP: Du kannst die Galette mit jedem Obst deiner Wahl zubereiten.

Zupfkuchen

Du brauchst: Backform 17 cm Ø

Zutaten (für sechs Personen)

Für den Teig

100 g Hafermehl
50 g Buchweizenmehl
70 g kalte Butter
50 g Süße
20 g Backkakao
1 Ei
1 TL Backpulver
1 Prise Salz

Für die Füllung

300 g Quark
100 g Saure Sahne
½ Packung Vanillepuddingpulver
50 g Süße

Zubereitung:

1. Alle Teigzutaten verkneten, den fertigen Teig in den Kühlschrank stellen.
2. Den Backofen auf 170 °C Ober- und Unterhitze vorheizen.
3. Alle Zutaten für die Füllung glattrühren.
4. Dreiviertel vom Teig einen halben Zentimeter dick auf einer bemehlten Unterfläche rund ausrollen, in eine leicht gefettete Tortenform geben, festdrücken und den Rand hochziehen.
5. Die Füllung auf den Boden geben.
6. Vom restlichen Teig Stücke abzupfen und auf der Creme verteilen.
7. Für 60 Minuten backen, dann bei leicht geöffneter Tür 30 Minuten im Backofen auskühlen lassen.
8. Vor dem Anschneiden komplett auskühlen lassen und im Kühlschrank lagern.

Zitronenkuchen

Du brauchst: Backform 15 x 10 cm

Zutaten (für sechs Personen)
100 g Hafermehl
2 TL Backpulver
1 Prise Salz
25 g Kokosflocken
50 g Süße
150 ml Kokosmilch aus der Dose
1 Ei
Saft und Schale einer halben Zitrone

Für den Zuckerguss (optional)
50 g Puderzucker
6 TL Zitronensaft

Zum Bestreuen
Kokosraspel, essbare getrocknete Blütenblätter

Zubereitung:

1. Den Backofen auf 160 °C Heißluft vorheizen.
2. Hafermehl, Backpulver, Salz, Kokosflocken und Süße vermengen, dann die restlichen Zutaten untermischen und alles zu einem Teig verarbeiten.
3. Den Teig in eine gefettete Backform geben und für 30 Minuten backen.
4. Für den Zuckerguss Puderzucker und Zitronensaft verrühren und auf dem ausgekühlten Kuchen verteilen.

Nusskuchen

Du brauchst: Backform 17 cm Ø

Zutaten (für sechs Personen)

3 Eier
65 g Süße
25 g weiche Butter
150 g gemahlene Nüsse nach Wahl
50 g Hafermehl
50 g dunkle Schokolade, gehackt
1 Prise Salz
Puderzucker zum Bestreuen (optional)

Zubereitung:

1. Den Backofen auf 180 °C Ober- und Unterhitze vorheizen.
2. Eier, Süße und Butter cremig aufschlagen.
3. Die restlichen Zutaten einrühren, den Teig in eine gefettete Backform geben.
4. Für 30 bis 35 Minuten backen, kurz auskühlen lassen, aus der Backform nehmen und bei Bedarf mit Puderzucker bestreuen.

■ TIPP: Am besten schmeckt der Nusskuchen mit Schlagsahne.

Linzer Schnitten

Du brauchst: Backform 20 x 25 cm, Spritzsack

Zutaten (für acht Personen)

125 g weiche Butter
50 g Süße
4 Eier
150 g Hafermehl
130 g gemahlene Haselnüsse
50 g Buchweizenmehl
70 g gemahlene Walnüsse
1 Packung Vanillezucker (alternativ 1 EL Süße und ½ TL Vanillemark)
3 EL Quark
1 EL Rum (optional)
1 TL Zimt
1 Msp. Nelkenpulver
2 TL Backpulver
300 g Preiselbeermarmelade

Zubereitung:

1. Den Backofen auf 180 °C Ober- und Unterhitze vorheizen.
2. Butter und Süße cremig schlagen, die Eier einzeln unterrühren.
3. Die restlichen Zutaten hinzufügen und verrühren.
4. Zwei Drittel des Teigs auf ein mit Backpapier ausgelegtes Blech streichen, die Marmelade darauf verteilen.
5. Den restlichen Teig in einen Spritzsack füllen und gitterförmig auf die Marmelade spritzen.
6. Für 40 Minuten backen, dann auskühlen lassen.

Apfelstreuselkuchen

Du brauchst: Backform 28 x 18 cm

Zutaten (für acht Personen)

Für die Streusel
75 g Hafermehl
50 g gemahlene Mandeln
25 g Süße
2 EL flüssige Süße
25 g Kokosöl
2 TL Zimt (optional)
1 Prise Salz

VEGAN

Für den Teig

100 g Hafermehl
50 g Buchweizenmehl
150 g Apfelmus
100 ml Mandeldrink
50 g Süße
25 g Kokosöl
1 TL geschrotete Leinsamen
2 TL Backpulver
1 Prise Salz

Für den Belag

1 Apfel, klein geschnitten

Zuckerguss (optional)

25 g Puderzucker
2 TL kaltes Wasser

Zubereitung:

1. Den Backofen auf 175 °C Heißluft vorheizen.
2. Alle Streuselzutaten zu Streuseln verkneten.
3. Alle Teigzutaten glattrühren.
4. Die halbe Menge Teig in eine mit Backpapier ausgelegte ofenfeste Backform geben.
5. Die Äpfel darauf verteilen, dann die halbe Menge der Streusel darüber bröseln.
6. Den restlichen Teig auf Äpfeln und Streuseln verteilen, die restlichen Streuseln darauf bröseln.
7. Für 30 bis 35 Minuten backen, dann auskühlen lassen.
8. Wer mag kann den Kuchen noch mit Zuckerguss garnieren, hierfür den Puderzucker mit dem Wasser glattrühren und über dem Kuchen verteilen.

Süße Snacks

Brownie-Donuts am Spieß

BLITZ REZEPT

***Du brauchst:* Donut Maker (alternativ Waffeleisen), Spieße**

Zutaten (für sechs Spieße)

30 g dunkle Schokolade
70 g Hafermehl
80 ml Milch
25 g Süße
1 Ei
1 EL Backkakao
1 EL Kokosöl
1 TL Backpulver
1 Prise Salz
1 Banane, in Scheiben geschnitten

Zubereitung

1. Für die Donuts 10 g der Schokolade schmelzen und mit allen anderen Zutaten außer den Bananenscheiben glattrühren.
2. In einem Donut Maker (alternativ in einem Waffeleisen) drei bis fünf Minuten backen.
3. Auskühlen lassen.
4. Die übrigen 20 g der Schokolade schmelzen.
5. Donuts und Bananenscheiben mit der geschmolzenen Schokolade verzieren und erkalten lassen.
6. Abwechselnd Bananenscheiben und Donuts auf einen Spieß stecken.

Dattel-Cashew-Bars

VEGAN

***Du brauchst:* Backform 10 x 15 cm, Hochleistungsmixer**

Zutaten (für fünf Stück)

100 g Haferflocken
200 g weiche, entsteinte Datteln
100 g Cashewnüsse
1 Prise Salz
30 g dunkle Schokolade

Optional

1 Prise Salz
1 Prise grobes Salz

Zubereitung

1. Haferflocken, Datteln, Nüsse und eine Prise Salz in einem Hochleistungsmixer zu einer homogenen Masse verarbeiten. (Wer keinen Mixer hat, kann die Datteln klein schneiden und die Nüsse klein hacken, die Bars sind dann etwas gröber).
2. Die Masse anschließend mit den Händen zu einem festen Teig verkneten.
3. In eine mit Backpapier ausgelegte Backform drücken.
4. Die Schokolade schmelzen und darauf verteilen.
5. Für mindestens eine Stunde kalt stellen.
6. Wer die Kombination aus süß und salzig mag, kann eine Prise feines und eine Prise grobes Salz drüberstreuen. Anschließend schneiden und genießen.

Blaubeer-Bananen-Smoothie

Du brauchst:
Hochleistungsmixer

Zutaten (für eine Person)

1 Banane
100 g Blaubeeren
125 ml Mandeldrink
20 g Haferflocken

Zubereitung

1. Alle Zutaten in einem Hochleistungsmixer pürieren. Alternativ kann auch ein Pürierstab verwendet werden.
2. In ein Glas füllen und sofort genießen.

BLITZ REZEPT

VEGAN

Flap-Jacks-Müsliriegel

Du brauchst:
Backform 10 x 15 cm

Zutaten (für sechs Stück)

100 g Haferflocken
1 Banane, zerdrückt
25 g Sonnenblumenkerne
25 g Kürbiskerne
25 g Kokosöl
25 g Chocolate Chunks
2 EL flüssige Süße
1 Prise Salz

Zubereitung

1. Den Backofen auf 180 °C Heißluft vorheizen.
2. Alle Zutaten gut vermischen.
3. Die Masse in eine mit Backpapier ausgelegte ofenfeste Backform oder aufs Blech geben und festdrücken.
4. Ca. 25 Minuten knusprig backen.
5. Auskühlen lassen und in Stücke schneiden.

BLITZ REZEPT

Granola-Cups

Du brauchst: Muffinbackform

Zutaten (für vier Stück)

Für die Cups
50 g Haferflocken
75 g Apfelmus
1 EL Mandelmus
½ EL geschrotete Leinsamen
1 Prise Salz

Für die Vanillecreme
100 g Quark
100 g Vanillepudding (alternativ 100 g Joghurt, 1 EL flüssige Süße und ½ TL Vanillemark)

Für das Topping
Beeren, Granola (siehe Seite 25)

Zubereitung

1. Den Backofen auf 180 °C Heißluft vorheizen.
2. Alle Zutaten für die Cups vermischen.
3. Die Masse in Muffinformen verteilen und festdrücken, den Rand hochziehen.
4. 15 Minuten backen.
5. Für die Creme Quark und Vanillepudding cremig rühren.
6. In die ausgekühlten Cups füllen (mit Spritzsack oder Löffel).
7. Mit Beeren und Granola toppen, dann genießen.

Hafer-Milchschnitten

Zutaten (für sechs Stück)

Für den Kakao-Biskuitteig

2 Eier
30 g Süße
20 g Backkakao
30 g Hafermehl
1 Prise Salz
1 TL Backpulver

Für die Milchcreme

50 ml Sahne
½ TL Sahnesteif
30 g Quark
50 g Saure Sahne
1 EL flüssige Süße (zum Beispiel Honig)

Zubereitung

1. Den Backofen auf 180 °C Ober- und Unterhitze vorheizen.
2. Für den Biskuitteig die Eier mit der Süße schaumig schlagen, dann die restlichen Zutaten langsam einrühren.
3. Auf ein mit Backpapier ausgelegtes Blech streichen (ein herkömmliches Blech ist dann etwa zur Hälfte bestrichen).
4. Für zehn Minuten backen.
5. Auf ein Geschirrtuch stürzen, das Backpapier abziehen und den Biskuit auskühlen lassen, dann in zwei gleich große Teile schneiden.
6. Die Sahne mit dem Sahnesteif aufschlagen.
7. Quark, Sauerrahm und flüssige Süße zu einer glatten Masse verrühren. Die Sahne unterheben.
8. Die Creme auf den ausgekühlten Biskuit streichen und die andere Biskuithälfte darauf geben.
9. Für eine Stunde kaltstellen, dann in Schnittenform schneiden und genießen.

No-Bake-Himbeertörtchen

Du brauchst Muffinbackform aus Silikon, Pürierstab

Zutaten (für vier Stück)

Für den Teig
1 Banane, zerdrückt
80 g Haferflocken
30 g Mandelmus
2 EL flüssige Süße
1 TL Flohsamenschalen
1 Prise Salz

Für die Füllung
100 g Himbeeren
1 TL Chiasamen

Für das Topping
30 g weiße Schokolade (alternativ dunkle Schokolade)
1 TL Mandelmus
Gehackte Mandeln

Zubereitung

1. Für den Boden alle Teigzutaten vermengen.
2. In Muffinformen drücken, am Rand hochziehen. Falls du keine Silikonbackform hast, solltest du die Form zusätzlich mit Papierförmchen auslegen.
3. Die Himbeeren pürieren, das Himbeerpüree in die Formen geben.
4. Die Schokolade schmelzen und auf das Himbeerpüree geben. Mandelmus darüber geben und ein Muster einziehen. Dann die gehackten Mandeln drüberstreuen.
5. Über Nacht im Kühlschrank fest werden lassen.

Saftige Apfel-Donuts aus dem Backofen

VEGAN

Du brauchst: ***Donutbackform (alternativ Muffinbackform)***

Zutaten (für acht Stück)

150 g Hafermehl
50 g Süße
1 TL Flohsamenschalen
2 TL Backpulver
1 Prise Salz
½ TL Vanillemark
100 ml Mandeldrink
100 g Apfelmus
100 g Apfel, fein gerieben
50 g Kokosöl

Für den Zimtzucker

15 g Süße
1 TL Zimt

Zubereitung

1. Den Backofen auf 180 °C Heißluft vorheizen.
2. Hafermehl, Süße, Flohsamenschalen, Backpulver, Salz und Vanille vermengen.
3. Die restlichen Zutaten hinzufügen und alles zu einem Teig verarbeiten.
4. In eine gefettete Donutbackform (alternativ Muffinbackform) geben.
5. Für ca. 20 Minuten backen.
6. Süße und Zimt für den Zimtzucker mischen.
7. Die fertigen Donuts kurz auskühlen lassen, dann aus der Backform stürzen und im Zimtzucker wälzen.

Schoko-Bananen-Muffins

BLITZ REZEPT

Du brauchst: ***Muffinförmchen (alternativ Muffinbackform)***

Zutaten (für drei Stück)

65 g Hafermehl
1 Ei
1 Banane, zerdrückt
10 g Backkakao
25 ml Milch
25 g Süße
1 EL Nussmus nach Wahl
1 TL Backpulver
1 Prise Salz
15 g Schokodrops

Zubereitung

1. Den Backofen auf 180 °C Heißluft vorheizen.
2. Alle Zutaten gut miteinander verrühren.
3. Den Teig in Muffinförmchen füllen.
4. Für 25 Minuten backen, dann auskühlen lassen.

Stracciatella-Overnight-Oats mit Kirschen

Zutaten (für eine Person):

50 g Haferflocken
50 ml Milch
100 g Joghurt
1 Prise Salz
Süße nach Wahl
10 g Schokoladenraspel
50 g eingelegte Kirschen oder Sauerkirschen
2 EL vom Einlegewasser

Zubereitung

1. Haferflocken, Milch, Joghurt, Salz und Süße vermischen.
2. Die Hälfte der Oats in ein Glas füllen.
3. Die Kirschen und das Einlegewasser darauf geben, zwei bis drei Kirschen übrig lassen.
4. Die restlichen Oats ins Glas geben, übrige Kirschen und Schokoraspel obendrauf geben.

Kokos-Kakao-Bällchen

Zutaten (für sechs Stück):

50 g Haferflocken
20 g Kokosflocken
15 g Backkakao
4 EL flüssige Süße
25 g Nussmus nach Wahl
1 EL Mandeldrink
1 Prise Salz
1 EL Kokosflocken zum wenden

Zubereitung

1. Alle Zutaten miteinander vermengen. Etwa einen Esslöffel Kokosflocken übrig lassen.
2. Die Masse für 15 Minuten in den Kühlschrank stellen.
3. Etwa wallnussgroße Bällchen formen und diese in den übrigen Kokosflocken wenden.
4. Im Kühlschrank aufbewahren.

BLITZ REZEPT

Scones mit Schokodrops

Du brauchst: Backform 17 cm Ø

Zutaten (für acht Stück)

100 g Hafermehl
50 g gemahlene Mandeln
50 ml Mandeldrink
50 g Kokosöl
2 ½ EL flüssige Süße
1 EL geschrotete Leinsamen
1 TL Backpulver
1 Prise Salz
25 g Schokoladendrops

Für das Topping

15 g dunkle Schokolade

Zubereitung

1. Alle Zutaten bis auf die Schokodrops vermischen.
2. Die Masse für 15 Minuten ruhen lassen.
3. Den Backofen auf 200 °C Ober- und Unterhitze vorheizen.
4. Nach 15 Minuten die Schokoladendrops unter den Teig heben.
5. Den Teig in eine runde Backform drücken und mit einem Messer in acht Teile schneiden.
6. Vorsichtig auf ein mit Backpapier ausgelegtes Blech legen, dabei Abstand lassen.
7. Für 20 Minuten backen. Danach auskühlen lassen.
8. Die Schokolade schmelzen
9. Die Scones-Spitzen in die geschmolzene Schokolade tunken und auskühlen lassen.

■ TIPP: Anstelle der Schokoladendrops kannst du Nüsse oder Trockenfrüchte nehmen.

Cake Pops

Du brauchst: Stäbchen

Zutaten (für 20 Stück)
Ca. 450 g Kuchenbrösel nach Wahl
Ca. 150 g Frischkäse

Für das Topping
125 g dunkle Schokolade
25 g weiße Schokolade (optional)

Zubereitung

1. Kuchenbrösel mit Frischkäse verkneten, sodass sich der Teig gut formen lässt (gegebenenfalls mehr Frischkäse hinzugeben).
2. Portionsweise Teig entnehmen und zu runden Kugeln formen.
3. Für 30 Minuten im Kühlschrank durchziehen lassen.
4. Stäbchen in die Cake Pops drücken.
5. Die Schokolade schmelzen.
6. In die dunkle geschmolzene Schokolade tunken und auf einem Gitter oder Backpapier trockenen lassen.
7. Optional mit der weißen geschmolzenen Schokolade ein Muster darüber ziehen. Unbedingt kühl lagern.

■ TIPP: Ich habe den Marmorgugelhupf gebacken (siehe Seite 81), auskühlen lassen, dann mit den Händen zu Bröseln zerkleinert. Du kannst aber auch alle anderen trockenen Kuchen verwenden. Hast du weniger Brösel, gilt die Faustregel: dreimal so viel Brösel wie Frischkäse (gegebenenfalls mehr, bis die gewünschte Konsistenz erreicht ist).

Müslikekse

BLITZ REZEPT

VEGAN

Zutaten (für zwölf Stück)

80 g Haferflocken
130 g Banane, zerdrückt
35 g Buchweizen (ganze Körner)
30 g gepuffter Quinoa
30 g Nussmus nach Wahl
15 g gehackte Nüsse nach Wahl
2 EL flüssige Süße
1 EL Leinsamen
1 EL Sonnenblumenkerne
1 EL Kokosöl
½ TL Zimt
1 Prise Salz

Zubereitung

1. Den Backofen auf 150 °C Heißluft vorheizen.
2. Alle Zutaten gut vermischen.
3. Ein Esslöffel große Kleckse auf ein mit Backpapier ausgelegtes Blech geben, leicht rund nachformen.
4. Für 20 Minuten backen.
5. Auskühlen lassen und genießen.
6. Luftdicht lagern.

Frozen-Joghurt-Cups

Du brauchst: Muffinförmchen und Muffinbackform

Zutaten (für vier Stück)

Für den Boden
50 g Haferflocken
2 EL flüssige Süße
1 Prise Salz

Für die Joghurtfüllung
150 g Joghurt
½ EL flüssige Süße
½ TL Vanilleextrakt
30 g rote Beeren nach Wahl
30 g blaue Beeren nach Wahl

Zubereitung

1. Alle Zutaten für den Boden in einem Topf kurz erwärmen, sodass die flüssige Süße sich löst und mit den Haferflocken vermischt.
2. Die Muffinförmchen in die Muffinbackform stellen.
3. Die Masse auf den Boden der Förmchen drücken.
4. Die Joghurtmenge halbieren, unter die eine Hälfte die blauen Beeren, unter die andere die roten Beeren mischen, die Beeren dabei leicht zerdrücken.
5. Beide Joghurtmassen auf den Boden in die Förmchen geben und für mindestens 3 Stunden ins Gefrierfach stellen.
6. Vor dem Verzehr 30 bis 60 Minuten auftauen lassen.

Pudding-Oats

Zutaten (für drei Personen)

Für die Schokoschicht
25 g Haferflocken
15 g Schokopudding-pulver
200 ml kalte Milch
2 EL flüssige Süße

Für die Vanilleschicht
25 g Haferflocken
15 g Vanillepudding-pulver
200 ml kalte Milch
2 EL flüssige Süße

Zum Bestreuen
Schokoraspel

Zubereitung

1. In je einem Topf die Zutaten für beide Schichten unter ständigem Rühren aufkochen lassen und eindicken.
2. Abwechselnd in kleine Gläser schichten, mit Schokoraspeln bestreuen.
3. Warm oder kalt genießen.

Erdnusshappen

Du brauchst:
Backform 10 x 15 cm

Zutaten (für sechs Stück)
80 g Haferflocken
40 g Erdnussmus
2 ½ EL flüssige Süße
1 Prise Salz

Für das Topping
35 g Schokolade
1 TL Erdnussmus

Zubereitung

1. Alle Zutaten gut vermischen.
2. Die Masse fest in eine mit Backpapier ausgelegte Backform drücken.
3. Die Schokolade schmelzen und gleichmäßig darüber verteilen.
4. Das Erdnussmus wellenförmig darauf geben und mit einem Messer ein Muster einziehen.
5. Im Kühlschrank für mindestens eine Stunde kalt stellen, in kleine Happen schneiden und genießen.

Blaubeer-Pancakes

VEGAN

Zutaten (für fünf Pancakes)

50 g Hafermehl
65 ml Mandeldrink
40 g veganer Joghurt nach Wahl
1 EL flüssige Süße
½ TL Flohsamenschalen
½ TL Natron
1 Prise Salz
100 g Blaubeeren

Zubereitung

1. Alle Zutaten bis auf die Blaubeeren vermischen und für zehn Minuten ruhen lassen. Die Blaubeeren unterheben.
2. Zwei bis drei Esslöffel Teig in einer leicht gefetteten Pfanne bei mittlerer Hitze zehn Minuten zu einem Pancake ausbacken.
3. Mit Puderzucker bestreuen und mit einem Esslöffel Joghurt genießen.

Vanillekipferl

VEGAN

Zutaten (für ein Blech)

100 g Hafermehl
35 g gemahlene Mandeln
3 EL flüssige Süße
30 g Kokosöl
1 EL Mandeldrink
1 TL geschrotete Leinsamen
Mark von einer halben Vanilleschote
1 Prise Salz

Zum Bestäuben (optional)

Puderzucker

Zubereitung

1. Den Backofen auf 180 °C Heißluft vorheizen.
2. Alle Zutaten vermengen und zu einem Teig verarbeiten.
3. Etwa teelöffelgroße Portionen Teig entnehmen und Kipferl formen.
4. Auf ein mit Backpapier ausgelegtes Blech legen und für zwölf Minuten backen.
5. Am besten auf dem Blech auskühlen lassen. Optional mit Puderzucker bestäuben.

Schokobrötchen

Zutaten (für sechs Stück)

100 g Hafermehl
25 g Buchweizenmehl
125 g Quark
50 g Süße
25 g Schokoladendrops
1 EL Rapsöl
2 TL Backpulver
1 Prise Salz

Zum Bestreichen

1 EL Milch

Zum Bestäuben (optional)

Puderzucker

Zubereitung

1. Den Backofen auf 160 °C Heißluft vorheizen.
2. Alle Zutaten vermengen und kneten bis ein Teig entsteht.
3. Auf einer bemehlten Unterfläche sechs gleichgroße Kugeln daraus formen.
4. Diese auf ein mit Backpapier ausgelegtes Blech legen und ein wenig flach drücken.
5. Mit Milch bestreichen und für 15 bis 20 Minuten backen.
6. Auskühlen lassen, bei Bedarf mit Puderzucker bestreuen und genießen.

Crinkle Cookies

Zutaten (für zwölf Stück)

25 g weiche Butter
75 g Süße
75 g Hafermehl
50 g Apfelmus
25 g Backkakao
½ TL Backpulver
1 Prise Salz

Zum Wälzen

15 g gesiebter Puderzucker

Zubereitung

1. Butter und Süße aufschlagen, dann die restlichen Zutaten einrühren und mit den Händen zu einem Teig kneten.
2. In Frischhaltefolie wickeln und für eine Stunde in den Kühlschrank stellen.
3. Den Backofen auf 180 °C Ober- und Unterhitze vorheizen.
4. Aus dem Teig walnussgroße Kugeln formen, in Puderzucker wälzen, ein wenig flach drücken und auf ein mit Backpapier ausgelegtes Blech legen.
5. Für zwölf Minuten backen, auskühlen lassen, bei Bedarf nochmals mit Puderzucker bestreuen.

Hafer-Löffelbiskuit

Du brauchst: Spritzsack

Zutaten (für 14 Stück)

1 Ei, getrennt

35 g Süße

35 g Hafermehl

½ TL Backpulver

1 Prise Salz

Zubereitung

1. Den Backofen auf 160 °C Heißluft vorheizen.
2. Eiweiß mit der Süße steif schlagen.
3. Das Eigelb mit den restlichen Zutaten vermengen, dann den Schnee unterheben.
4. Den Teig in einen Spritzsack füllen und Stangerl auf ein mit Backpapier ausgelegtes Blech spritzen.
5. Für zehn Minuten in den Backofen stellen.
6. Gut auskühlen lassen, dann vorsichtig mit einem Messer vom Blech lösen.

Nachtisch und Kaffeegebäck

Apfelmuswaffeln

BLITZ REZEPT

VEGAN

***Du brauchst:* Waffeleisen**

Zutaten (für drei Stück)

100 g Hafermehl
100 g Apfelmus
125 ml Mandeldrink
1 EL Kokosöl
1 TL Flohsamenschalen
½ TL Backpulver
1 Prise Salz

Für das Topping

150 g Apfelmus
½ Apfel

Zur Deko (optional)

Zimt, Mandelblättchen, Puderzucker

Zubereitung

1. Alle Zutaten zu einem homogenen Teig verrühren.
2. In einem leicht gefetteten Waffeleisen ausbacken.
3. Für das Topping den Apfel klein schneiden und mit dem Apfelmus in einem Topf bei niedriger Temperatur ca. zehn Minuten weichkochen lassen.
4. Auf die Waffeln geben, optional dekorieren und genießen.

Beerenquark-Tiramisu

Zutaten (für vier Personen)
1 Blatt Gelatine (oder eine vegane Alternative)
60 ml Milch
250 g Quark
Saft von einer halben Zitrone
50 g Süße
125 ml Sahne
½ Packung Sahnesteif
14 Hafer-Löffelbiskuit (Rezept auf S. 141)
Eine Handvoll Beeren
1 EL Granola (Rezept auf S. 25)

Zubereitung:

1. Das Blatt Gelatine für fünf Minuten in kaltem Wasser einweichen.
2. Die Milch erhitzen, die Gelatine darin auflösen.
3. Quark, Zitronensaft und Süße glattrühren.
4. Sahne mit Sahnesteif schlagen.
5. Die ausgekühlte Milch in die Quark-Zitronen-Masse rühren, die Sahne unterheben.
6. Abwechselnd Löffelbiskuits und Creme in eine Schale schichten.
7. Mit Beeren und Granola dekorieren und für mindestens zwei Stunden kalt stellen.

Blaubeer-Streusel-Taler

Zutaten (für fünf Stück)

Für die Streusel
15 g Haferflocken
15 g Hafermehl
10 g gemahlene Nüsse nach Wahl
10 g gehackte Nüsse nach Wahl
25 g Süße
15 g Butter
1 Prise Salz
1 Prise Zimt

Für die Füllung

125 g Quark

25 g Süße

1 EL Vanillepuddingpulver

150 g Blaubeeren

Für den Boden

125 g Quark

25 g Kokosöl

1 Ei

100 g Hafermehl

25 g Buchweizenmehl

30 g Süße

½ Packung Backpulver

1 Prise Salz

Zubereitung:

1. Den Backofen auf 180 °C Heißluft vorheizen.
2. Alle Streusel-Zutaten mit den Händen verkneten und bröseln.
3. Für die Füllung alle Zutaten außer die Blaubeeren glattrühren.
4. Für den Boden Quark, Kokosöl und Ei verrühren.
5. Die trockenen Zutaten hinzufügen und zu einem Teig verarbeiten.
6. Auf einer gut bemehlten Unterfläche zu Kugeln formen.
7. Die Kugeln auf ein mit Backpapier ausgelegtes Blech legen und mit den Fingern auf ca. einen Zentimeter plattdrücken.
8. Je ein Esslöffel Füllung darauf streichen.
9. Die Blaubeeren auf den Talern verteilen.
10. Mit den Fingern die Streusel darüber bröseln.
11. Die Taler für 15 Minuten in den Backofen stellen.
12. Auskühlen lassen und mit einer Tasse Kaffee oder Tee genießen.

Crumble mit Zwetschgen

VEGAN

Du brauchst: Backform 18 x 13 cm

Zutaten (für zwei Personen)

65 g Haferflocken
15 g Hafermehl
15 g gemahlene Nüsse nach Wahl
1 EL Nussmus nach Wahl
1 EL Kokosöl
3 EL flüssige Süße
½ TL Zimt
1 Prise Salz
8 Zwetschgen, halbiert

Zubereitung:

1. Den Backofen auf 160 °C Heißluft vorheizen.
2. Alle Zutaten bis auf die Zwetschgen in einer Schüssel vermengen und mit den Händen zu einem Teig verarbeiten.
3. Die Zwetschgen in eine ofenfeste Backform geben.
4. Den Teig mit den Fingern über die Zwetschgen bröseln.
5. Für 25 Minuten backen.
6. Kurz auskühlen lassen, mit Puderzucker toppen und am besten noch warm genießen.

■ TIPP: Du kannst dieses Crumble mit jedem Obst deiner Wahl zubereiten.

Haferschmarrn

Zutaten (für eine Portion)

50 g Hafermehl
1 TL Flohsamenschalen
1 Msp. Backpulver
1 Prise Salz
200 ml Milch
2 Eier
1 EL Butter
1 EL Süße

Zubereitung:

1. Alle trockenen Zutaten außer der Süße vermengen, die Milch hinzugeben und zu einem glatten Teig verarbeiten. Dann die Eier einrühren.
2. Den Teig 15 Minuten ruhen lassen.
3. Die Butter bei mittlerer Temperatur in einer Pfanne schmelzen lassen.
4. Den Teig hineingießen und mit einem Deckel schließen.
5. Etwa fünf Minuten backen lassen, schauen, ob der Teig unten schon eine gute Farbe bekommen hat, dann wenden.
6. Den Deckel wieder schließen, kurz anbacken lassen, dann in Stücke reißen.
7. Die Süße dazu geben und karamellisieren lassen.
8. Immer wieder wenden, bis die gewünschte Bräune erreicht ist.
9. Auf einem Teller servieren, mit Puderzucker, Apfelmus oder Preiselbeeren genießen.

Pfannkuchen mit Blaubeerquark

Zutaten (für fünf Pfannkuchen)

Für die Pfannkuchen

50 g Hafermehl

150 ml Milch

1 Ei

½ TL Flohsamenschalen

1 Prise Salz

Für den Blaubeerquark

100 g Quark

50 g Blaubeeren

25 g Süße

1-2 EL Milch

Zubereitung:

1. Die Pfannkuchen-Zutaten zu einer homogenen Masse verrühren.
2. Den Teig für 15 Minuten ruhen lassen.
3. Portionsweise in einer leicht gefetteten Pfanne bei mittlerer Temperatur beidseitig ausbacken.
4. Für den Blaubeerquark alle Zutaten fein pürieren. (Ein bis zwei Esslöffel Milch hinzufügen, wenn du es cremiger möchtest).
5. Ein bis zwei Esslöffel Quark auf die warmen Pfannkuchen streichen, einrollen und genießen.

Quarknockerl mit Haferstreusel

Du brauchst: Pürierstab

Zutaten (für zwei Personen)

Für die Nockerl
250 g Quark
1 EL Hafermehl
1 TL Flohsamenschalen
1 Ei
1 Prise Salz

Für den Fruchtspiegel
200 g gefrorene Beerenmischung
1 EL Süße

Für die Haferstreusel

50 g Haferflocken
10 g Butter
15 g Süße
1 Prise Zimt

Zum Bestreuen (optional)

Puderzucker

Zubereitung:

1. Alle Nockerl-Zutaten zu einem glatten Teig verrühren.
2. Den Teig für 30 Minuten durchziehen lassen.
3. Einen großen Topf mit Wasser befüllen und aufkochen lassen.
4. Mit zwei Esslöffeln Nockerl formen.
5. Das Wasser auf mittlere Temperatur herunter drehen.
6. Die Nockerl im Wasser für 15 Minuten wallen lassen.
7. Für den Fruchtspiegel die Beeren mit der Süße in einem kleinen Topf erwärmen.
8. Für die Streusel die Haferflocken mit einem Pürierstab oder Mixer grob zerkleinern (es soll kein Mehl werden).
9. Zerkleinerte Haferflocken, Butter, Süße und Zimt in einer Pfanne für fünf Minuten anrösten lassen, dabei immer wieder wenden.
10. Die Nockerl aus dem Wasser holen und in den Haferbröseln wälzen.
11. Auf den Beerenspiegel geben und optional mit Puderzucker bestreuen.

Schokoküchlein mit flüssigem Kern

BLITZ REZEPT

Du brauchst Backform 10 cm Ø

Zutaten (für ein Küchlein)

Für den Teig
40 g Haferflocken
½ Banane, zerdrückt
10 g Backkakao
50 ml Mandeldrink
½ TL Backpulver
1 Prise Salz

Für den Flüssigen Kern
2 EL Schokoladenpudding
(alternativ ein Stück Schokolade)

Zum Bestäuben (optional)
Puderzucker

Zubereitung:

1. Den Backofen auf 180 °C Heißluft vorheizen.
2. Alle Teigzutaten zu einem Teig verrühren.
3. Die halbe Menge in eine ofenfeste Backform geben.
4. Den Pudding daraufsetzen (alternativ das Stück Schokolade platzieren), mit dem übrigen Teig abschließen.
5. Für 15 Minuten backen, bei Bedarf mit Puderzucker toppen und noch warm genießen.

Zitronen-Mohn-Sandwich-Cookies

Zutaten (für vier Stück)

Für den Teig

30 g weiche Butter
60 g Frischkäse
50 g Hafermehl
15 g gemahlener Mohn
40 g Süße
½ TL Backpulver
1 TL geriebene Zitronenschale
1 Prise Salz

Für die Füllung

50 g Frischkäse
50 g Quark
10 g Süße
2 TL Zitronensaft

Zubereitung:

1. Den Backofen auf 180 °C Heißluft vorheizen.
2. Die weiche Butter mit dem Frischkäse cremig schlagen.
3. Die restlichen Teigzutaten hinzufügen und alles gut miteinander verrühren.
4. Acht gleich große Kugeln (ca. 25 g) formen.
5. Auf ein mit Backpapier ausgelegtes Blech legen und flach drücken.
6. Für zwölf Minuten backen.
7. Das Blech aus dem Backofen holen und die Cookies auf dem Blech auskühlen lassen.
8. Währenddessen für die Füllung alle Zutaten zu einer glatten Masse verrühren.
9. Die Füllung mit einem Spritzsack auf vier der acht Cookies auftragen.
10. Die übrigen Cookies auf die Creme setzen.

■ TIPP: Du magst keinen Mohn? Dann nimm stattdessen Nüsse oder mehr Hafermehl.

Nougatknödel

Zutaten (für sechs Knödel)

Für den Teig

250 g Quark
1 Ei | 30 g Hafermehl
15 g gemahlene Mandeln
1 EL Flohsamenschalen
1 EL Rapsöl
1 Prise Salz

Für die Füllung

60 g Nussnougat (10 g je Knödel)

Für die Nussbrösel

50 g gemahlene Mandeln
1 EL Butter
1 Prise Salz
1 Prise Zimt | 1 EL Süße

Zum Bestäuben (optional)

Puderzucker

Zubereitung:

1. Alle Teigzutaten zu einer glatten Masse verrühren.
2. Den Teig für 15 Minuten stehen lassen.
3. Mit einem Esslöffel Teigportionen abstechen, diese etwas flach drücken und das Nougatstück in die Mitte legen.
4. Mit nassen Händen zu Knödeln formen.
5. Wasser in einem Topf einmal aufkochen lassen, dann auf mittlere Temperatur zurückdrehen.
6. Die Knödel in das heiße Wasser geben und für 20 Minuten wallen lassen.
7. Die Knödel aus dem Wasser holen und abtropfen lassen.
8. Für die Nussbrösel alle Zutaten in einer Pfanne bei mittlerer Temperatur für fünf Minuten unter ständigem Rühren anrösten.
9. Die Knödel in den Nussbröseln wenden, optional mit Puderzucker bestäuben und genießen.

Nussecken

Du brauchst: Backform 10 x 15 cm, Mixer

Zutaten (für sechs Stück)

Für den Boden
70 g Haferflocken
35 g weiche, entsteinte Datteln
25 ml Wasser
1 EL Nussmus nach Wahl (zum Beispiel Haselnuss)
1 EL flüssige Süße
½ TL Backpulver
1 Prise Salz

Für den Belag
50 g gemahlene Haselnüsse
50 g gehackte Haselnüsse
25 ml Wasser
2 EL Nussmus nach Wahl (zum Beispiel Haselnuss)
1 EL flüssige Süße
1 Prise Salz

Für die Deko
15 g dunkle Schokolade
10 g weiße Schokolade (optional)
1 EL gehackte Haselnüsse

Zubereitung:

1. Den Backofen auf 180 °C Heißluft vorheizen.
2. Alle Zutaten für den Boden in einem Standmixer zu einem Teig verarbeiten. (Ohne Mixer anstelle der Datteln zwei Esslöffel flüssige Süße und anstelle der Flocken Hafermehl nehmen.)
3. Den Teig mit nassen Fingern in eine mit Backpapier ausgelegte Backform drücken.
4. Alle Zutaten für den Belag zu einer homogenen Masse vermischen.
5. Die Masse auf dem Boden verteilen.
6. Für 30 Minuten backen.
7. Auskühlen lassen, dann in Ecken schneiden.
8. Die Schokolade schmelzen.
9. Die Nussecken mit der Schokolade und den gehackten Haselnüssen verzieren.
10. Auskühlen lassen und genießen.

■ TIPP: Du kannst auch andere Nüsse verwenden. Wenn du lieber flachere Nussecken möchtest, einfach eine größere Backform verwenden.

Hafer-Germknödel mit Vanillesauce

BLITZ REZEPT

Du brauchst: Schale 12 cm Ø, Mikrowelle

Zutaten (für eine Portion)

Für die Germknödel

50 g Hafermehl
50 g Quark
1 Ei
30 ml Milch
15 g Süße
½ TL Backpulver
1 Prise Salz
1 EL Marmelade nach Wahl

Für die Vanillesauce

100 ml Milch
5 g Vanillepuddingpulver
1 EL Süße

Zum Bestreuen

1 EL Mohn, optional Puderzucker

Zubereitung:

1. Alle Germknödel-Zutaten bis auf die Marmelade zu einem Teig verarbeiten.
2. Die halbe Menge Teig in eine gefettete Schale geben.
3. Die Marmelade darauf geben, mit dem restlichen Teig abschließen.
4. Bei 600 Watt für drei bis vier Minuten in die Mikrowelle stellen. (Alternativ für 13 Minuten im vorgeheizten Backofen bei 180 °C Heißluft backen.)
5. Für die Vanillesauce alle Zutaten verrühren und in einem Topf kurz aufkochen lassen.
6. Den Germknödel aus der Schale stürzen, mit der Sauce begießen und mit Mohn und (optional) Puderzucker bestreuen.

Cremige Herzen

Du brauchst: Herzbackförmchen (7 cm)

Zutaten (für fünf Stück)

Für den Teig

50 g Hafermehl
50 g gemahlene Mandeln
60 ml Mandeldrink
2 ½ EL flüssige Süße
15 g Kokosöl
1 EL Zitronensaft
1 TL Flohsamenschalen
½ TL Backpulver
½ TL Natron
1 Prise Salz
1 Handvoll getrocknete Himbeeren

Für die Creme

50 g Frischkäse
25 g Himbeeren, zerdrückt
1 TL Süße
1 TL Zitronensaft

Zubereitung:

1. Den Backofen auf 180 °C Heißluft vorheizen.
2. Alle Teigzutaten bis auf die getrockneten Himbeeren zu einer glatten Masse verrühren, die getrockneten Himbeeren nach und nach hineinbröseln.
3. Den Teig in gefettete Herzbackförmchen (alternativ Muffinformen) füllen und für 15 Minuten backen.
4. Die Küchlein unbedingt in der Backform auskühlen lassen, damit sie nicht zerfallen.
5. Für die Creme alle Zutaten cremig rühren. Auf die Mitte der Herzküchlein streichen.

Tiramisu-Cupcakes

Du brauchst: Muffinförmchen

Zutaten (für vier Cupcakes)

Für den Teig

75 g Hafermehl
25 g gemahlene Mandeln
25 ml Milch
25 ml Kaffee
2 EL flüssige Süße
25 ml Rapsöl
1 Ei
1 TL Backpulver
1 Prise Salz

Für die Creme

50 ml Sahne
100 g Mascarpone
15 g Süße
1 TL Instantkaffeepulver (optional)

Zum Beträufeln

Kalter Kaffee

Zum Bestreuen

Backkakao

Zubereitung:

1. Den Backofen auf 180 °C Heißluft vorheizen.
2. Alle Teigzutaten glattrühren.
3. Den Teig in Muffinförmchen füllen und für 15 bis 17 Minuten backen.
4. Auskühlen lassen, währenddessen die Creme vorbereiten.
5. Die Sahne steif schlagen, die Mascarpone mit der Süße (und gegebenenfalls Instantkaffeepulver) verrühren.
6. Die Schlagsahne unter die Mascarpone heben.
7. Einen Teelöffel Kaffee auf jeden Muffin träufeln.
8. Die Creme mit einem Spritzsack auf die ausgekühlten Muffins spritzen.
9. Mit einem Sieb Backkakao über die Creme sieben, im Kühlschrank aufbewahren.

Ofenpfannkuchen

Du brauchst: Backform 18 cm Ø oder feuerfeste Pfanne

Zutaten (für einen Pfannkuchen)

50 g Hafermehl

75 ml Milch

2 Eier

1 EL Süße

1 Prise Salz

1 EL Butter

1 EL Joghurt

Nach Bedarf

Feigen, Brombeeren, Mandelblättchen, Puderzucker

Zubereitung:

1. Die Pfanne oder Backform in den Backofen stellen und diesen auf 200 °C Ober- und Unterhitze vorheizen.
2. Hafermehl, Milch, Eier, Süße und Salz zu einem glatten Teig verrühren und fünf Minuten ruhen lassen.
3. Die heiße Backform aus dem Backofen holen (Achtung!), die Butter darin schmelzen.
4. Den Teig in die Form gießen und für 20 Minuten zurück in den Backofen stellen. Der Teig geht erst stark auf und fällt dann zum Schluss in sich zusammen.
5. Aus dem Backofen holen, noch heiß mit Joghurt und Früchten belegen und genießen.

Bananensplit im Glas

Zutaten (für eine Person)

Oats
50 g Haferflocken
100 ml Haferdrink
1 EL flüssige Süße
1 EL Backkakao
1 Prise Salz

Für die Kakaocreme
5 g Backkakao
2 TL Wasser
1 TL flüssige Süße

Sonstige Zutaten
50 g Joghurt
1 Banane, längs und quer halbiert
1 TL dunkle Schokolade, gehackt

Zubereitung:

1. Alle Zutaten für die Oats verrühren, in ein Glas geben.
2. Für die Kakaocreme alle Zutaten glattrühren.
3. Die Bananenviertel in die Glasinnenseite drücken.
4. Abwechselnd Joghurt und Kakaocreme ins Glas schichten.
5. Mit gehackter Schokolade bestreuen, sofort genießen oder im Kühlschrank aufbewahren.

Panna Cotta mit Hafercrumble

Zutaten (für zwei Personen)

Für die Crumble

25 g Hafermehl
12 g Nussmus nach Wahl
12 g Apfelmus
1 TL flüssige Süße
1 Prise Salz

Für die Panna Cotta

250 ml Sahne
3 EL Süße
1 TL Vanilleextrakt
100 g Mascarpone
2 Blätter Gelatine oder eine vegane Alternative

Für den Beerenspiegel

100 g Beeren nach Wahl

Zubereitung:

1. Den Backofen auf 180 °C Ober- und Unterhitze vorheizen.
2. Alle Zutaten für den Crumble verkneten, fünf Minuten stehen lassen.
3. Auf einer bemehlten Unterfläche etwa einen halben Zentimeter dünn ausrollen, auf ein mit Backpapier ausgelegtes Blech legen und für 15 Minuten backen.
4. Auskühlen lassen, dann mit den Fingern zu Krümeln verarbeiten.
5. Für die Panna Cotta die Sahne mit der Süße und dem Vanilleextrakt in einen Topf geben, aufkochen und fünf Minuten köcheln lassen.
6. Die Gelatineblätter in kaltem Wasser für fünf Minuten einweichen.
7. Die Mascarpone zur Sahne geben und unter stetigem Rühren weitere fünf Minuten köcheln lassen, dann vom Herd nehmen.
8. Die ausgedrückten Gelatineblätter zur heißen Sahne-Mascarpone-Mischung geben und gut verrühren.
9. Dreiviertel des Crumble in zwei Gläser füllen und die heiße Panna-Cotta-Masse drüber gießen, anschließend mindestens zwei Stunden in den Kühlschrank stellen.
10. Für den Beerenspiegel die Beeren in einen Topf geben, einmal aufkochen lassen, vom Herd nehmen, pürieren und auskühlen lassen. Ein paar Beeren zur Deko zurückbehalten.
11. Vor dem Servieren die pürierten Beeren auf der Panna-Cotta-Masse verteilen, mit dem restlichen Crumble bestreuen und mit den übrigen Beeren dekorieren.

■ TIPP: Du kannst anstelle des Crumble auch Granola (siehe Seite 25) nehmen.

Apfeltaschen

Zutaten (für fünf Stück)

Für den Teig

100 g Hafermehl
200 g Quark
25 g Kokosöl
2 EL flüssige Süße
1 TL Flohsamenschalen
½ Packung Backpulver
1 Prise Salz

Für die Füllung

100 g Apfelmus
1 Apfel, klein gewürfelt
1 Prise Zimt

Zum Bestreuen

Puderzucker (optional)

Zubereitung:

1. Den Backofen auf 175 °C Ober- und Unterhitze vorheizen.
2. Alle Zutaten für den Teig verrühren, 15 Minuten stehen lassen.
3. Währenddessen die Füllung vorbereiten. Dafür das Apfelmus mit den Apfelstücken und dem Zimt in einem Topf bei mittlerer Hitze etwa zehn Minuten weich köcheln lassen.
4. Den Teig auf einer gut bemehlten Unterfläche durchkneten, dann etwa einen halben Zentimeter dünn rechteckig ausrollen.
5. Zehn gleich große Rechtecke aus dem ausgerollten Teig schneiden, fünf davon auf ein mit Backpapier ausgelegtes Blech legen.
6. Einen Esslöffel Apfelfüllung in die Mitte geben. Die restlichen Teigstücke darüberlegen und am Rand festdrücken. In der Mitte dreimal leicht einschneiden.
7. Für 15 Minuten backen.
8. Kurz auskühlen lassen, optional mit Puderzucker bestreuen und noch warm genießen.

Hafer-Quark-Auflauf

Du brauchst: Backform 18 x 13 cm

Zutaten (für zwei Personen)

1 Ei, getrennt
1 Prise Salz
50 g Haferflocken
125 ml Haferdrink
100 g Quark
3 EL flüssige Süße
½ TL Vanilleextrakt (optional)
50 g Mandarinen, geschält und in Stücken
50 g Blaubeeren

Zubereitung:

1. Den Backofen auf 160 °C Heißluft vorheizen.
2. Das Eiklar mit der Prise Salz zu Schnee schlagen.
3. Das Eigelb mit den restlichen Zutaten außer dem Obst verrühren.
4. Den Eischnee und das Obst unterheben.
5. In einer ofenfesten Backform für 35 Minuten backen.
6. Warm oder kalt genießen.

Kokos-Cups

VEGAN

Du brauchst: Muffinbackform

Zutaten (für fünf Stück)

Für den Boden
75 g Haferflocken
2 EL flüssige Süße
25 g Kokosöl
1 EL Backkakao
1 EL Wasser
1 Prise Salz

Für die Kokosschicht
100 g Kokosflocken
75 ml Kokosmilch aus der Dose
2 EL flüssige Süße
1 EL Kokosöl

Für das Topping
50 g dunkle Schokolade
½ TL Kokosöl

Zubereitung:

1. Den Backofen auf 180 °C Ober- und Unterhitze vorheizen.
2. Alle Zutaten für den Boden vermengen, in leicht gefettete Muffinformen (am besten aus Silikon, ansonsten mit Papierförmchen auskleiden) drücken und für 15 Minuten backen.
3. Für die Kokosschicht alle Zutaten vermengen. Auf den ausgekühlten Boden in die Muffinformen drücken.
4. Die Schokolade schmelzen und das Kokosöl unterrühren. Die Schokolade auf der Kokosschicht verteilen und für mindestens eine Stunde kalt stellen.

REZEPTREGISTER

ZUTATENREGISTER

IMPRESSUM

Alle in diesem Buch veröffentlichten Aussagen und Ratschläge wurden von der Autorin und vom Verlag sorgfältig erwogen und geprüft. Eine Garantie kann jedoch nicht übernommen werden, ebenso ist die Haftung der Autorin bzw. des Verlags und seiner Beauftragten für Personen-, Sach- und Vermögensschäden ausgeschlossen.

2. Auflage
Originalausgabe
© 2023 YUNA Verlag in der Penguin Random House Verlagsgruppe GmbH,
Neumarkter Str. 28, 81673 München
Covergestaltung: Jürgen Kiermeier, unter Verwendung eines Motivs
von Julia Kammerlander
Bildnachweis: Alle Bilder von Julia Kammerlander, außer Seite190 © Diana Gookool;
Illustrationen: blankstock/AdobeStock; Rudzhan/AdobeStock; Sunnydream/AdobeStock
Layout/Satz: Jürgen Kiermeier, YUNA
Druck und Bindung: Alföldi Nyomda Zrt., Debrecen
Printed in Hungary

MIX
Papier | Fördert gute Waldnutzung
FSC® C010328

Klimaneutral
Druckprodukt
ClimatePartner.com/14044-1912-1001

Penguin Random House Verlagsgruppe FSC® N001967

ISBN 978-3-517-30337-6

ÜBER DIE AUTORIN

Julia, geboren 1994, entdeckte ihre Liebe zu Haferflocken, nachdem bei ihr eine Glutenunverträglichkeit (Zöliakie) festgestellt wurde. Als leidenschaftliche Naschkatze begann sie, gesunde Alternativen zu gängigen süßen Sünden zu entwickeln, und postete ihre neuen Rezepte auf ihrem Instagram-Kanal »hafer.flockenliebe«. Mittlerweile begeistert sie dort Tausende Follower*innen von den Rezepten mit dem Superfood.